푸른 지구를 만들어요

대한과학진흥회 엮음

스완미디어
SWAN MEDIA

책 머리에

오늘날 우리들은 고도로 발달된 과학 문명의 혜택 속에 살고 있습니다.

우리의 선진 조국 창조를 위해 무엇보다 중요한 것이 과학 기술의 개발입니다. 특히 자원이 부족한 우리나라에서 가꾸어야 할 유일한 자원은 과학 기술로 무장한 풍부한 인력 자원입니다.

대한 과학 진흥회에서는 배우는 학생들을 위해 사물을 깊이 관찰하는 습관과 합리적이고 창의적인 과학적 사고를 심어 주기 위한 방법의 하나로 과학 문고를 엮어 내고 있습니다.

과학 문고를 펴냄에 있어서 딱딱한 과학지식을 그림을 곁들여 쉽고 재미있게 이야기로 풀어 써서 학생들이 스스로 원리를 발견하고 재미를 느끼게 함으로써 과학의 여러 분야에 대하여 흥미를 갖고 접근할 수 있도록 하였습니다.

이 책과 더불어 많은 학생들이 과학에 깊은 관심을 갖고 탐구심과 창의력을 기르며 과학을 생활화 할 줄 아는 사람이 되는데 많은 도움이 되었으면 하고 바라는 마음 간절합니다.

기획편찬 **대한과학진흥회**

차례

▲월 ●일
날씨:흐림
오늘은 엄마
한테 낭비가
심하다고 꾸중
들었습니다.
▲월 ●일
날씨:맑음
돈다를 정말
아껴 보아야
겠습니다….

물자를 아껴요

연필은 몽당연필이 될 때까지 써요

"엄마, 저 샤프 고장났어요."

여름이는 자신의 샤프를 엄마에게 내밀어 보이면서 말했습니다. 엄마는 눈을 동그랗게 뜨시며 여름일 쳐다보았습니다.

"벌써? 아니 3학년 올라와서 몇 번째니? 그 샤프 산 지도 두 달 정도밖에 안 됐잖아."

"하지만 고장이 난 걸요."

여름이는 샤프의 금이 간 부분을 엄마에게 보여 드렸습니다. 샤프의 몸통 아래쪽이 금이 가서 약간 벌어져 있었습니다.

"금이 가서 글씨를 쓸 때마다 심이 흔들거려요. 새 걸로 사 주세요, 네?"

"새 걸로 사는 건 안 돼. 금방 또 고장 낼거잖아. 아니면 잃어버리든지. 차라리 연필로 쓰는 건 어떻니?"

그러나 여름이의 마음속에는 오직 새 샤프를 사겠다는 생각밖에 들어 있지 않았습니다. 엄마도 이제는 정말 안되겠다고 생각하셨는지 여름이의 칭얼거림에도 꿈쩍도 하지 않으셨습니다.

여름이는 덜렁거리는 성격 때문인지 물건을 잘 잃어버리고 고장도 잘 내곤 합니다. 얼마 전에 새로 산 샤프를 갖고 장난을 하다 또 금이 가게 하고 만 것입니다.

"안 사 주시면 봄이네 집에 가서 봄이 샤프로 숙제할 거예요."

여름이는 삐죽 튀어나온 입으로 말했습니다. 그리고는 숙제할 준비물을 챙겨 가지고 봄이네 집으로 갔습니다.

봄이도 숙제를 하고 있었습니다.

"나랑 같이 숙제하자."

여름이가 퉁명스런 목소리로 말했습니다. 봄이는 책

공부중

상에 앉아 있다 여름이를 뒤돌아보았습니다. 여름이는 아직도 코를 훌쩍이고 있었습니다. 하지만 눈물은 나오지 않았습니다.

"왜 그래? 야단 맞았구나?"

"샤프 사 달라고 했는데 안 사 주셔서 화난 거야."

하지만 여름이의 얼굴은 화난 모습이라기보다는 삐친 모습이었습니다.

"나 여기서 숙제할 거야. 샤프 남는 거 있으면 빌려 줘. 내 건 고장났어."

여름이는 봄이가 앉아 있는 책상 쪽으로 가까이 갔습니다. 책상 위를 훑어보던 여름이의 눈이 공책 위에 놓여 있는 봄이의 몽당연필에 가서 딱 멈추었습니다. 그 몽당연필은 빈 볼펜대에 끼워져 있었습니다.

"너도 엄마가 샤프 안 사 주셨구나?"

여름이는 봄이도 자기만큼이나 속상할 것 같다는 동정의 눈으로 봄이를 쳐다보았습니다. 그러나 봄이의 얼굴은 아무렇지도 않아 보였습니다. 오히려 생글생글 웃고 있었습니다.

"난 원래 샤프 잘 안 써. 우리 선생님이 그러시는데 샤프로 글씨를 쓰면 글씨가 예쁘게 써지기 어렵대. 연필로 쓰는 게 훨씬 예쁜 글씨를 만들어 준다고 하셨어."

글씨를 예쁘게 쓸려고 별로 노력을 해본 적이 없었던 여름이에게는 그 말이 무척 신기했습니다. 봄이가 또박또박 글씨를 잘 쓰는 것도 모두 연필 때문이었나 하는 생각도 들었습니다.

"연필이 이렇게 작아졌는데도 버리지 않아? 내가 연필 줄까? 나 연필 많아."

여름이의 말에 봄이는 까르르 웃었습니다. 아무래도 여름이는 빈 볼펜 속에 끼워서 쓰고 있는 연필이 신기했던가 봅니다.

"나도 새 연필 많아. 하지만 아직도 심이 많이 남아 있는데 그냥 버리기가 아까워서 쓰고 있는 거야. 게다가 우리 아빠가 몽당연필들을 모아서 볼펜 깍지에다 끼워 주셨거든. 너도 이렇게 해서 써 봐. 연필을 아끼면서 쓴다는 생각에 기분이 좋아지거든."

"헤, 그럼 나도 몽당연필 한 개만 줄래? 쓰면서 기분이 좋으면 나도 그렇게 해서 쓸게."

"정말? 이거 가져."

봄이는 쓰고 있던 볼펜깍지 긴 몽당연필을 얼른 여름이에게 주었습니다. 여름이의 토라졌던 마음은 어디론가 사라져 버렸습니다. 여름이는 봄이의 따뜻한 손의 온기가 아직도 느껴지는 몽당연필을 꼬옥 쥐어 보았습니다.

알아봅시다

우리가 쓰는 학용품은 무척 많습니다.

지우개, 자, 크레파스, 물감, 필통 등 무척 많은 학용품이 우리의 책가방 속에 들어 있지요. 이 중에서 빼놓을 수 없는 학용품이 바로 연필입니다.

요즘 우리 어린이들은 연필보다 샤프를 쓰는 경우가 많지요. 그러나 샤프보다는 연필을 쓰는 것이 환경보호를 위해서도 훨씬 좋습니다.

왜냐 하면 샤프는 플라스틱으로 만들어지기 때문입니다. 플라스틱은 땅 속에서 썩지 않고 몇백 년 동안을 그대로 남아 있습니다. 때문에 플라스틱은 땅을 훼손시키는 커다란 주범입니다.

샤프는 고장이 잘 납니다. 험하게 다루어서일 수도 있지만 이것 저것 잔 고장이 잘 나지요. 우리는 샤프가 고장이 나면 다시 고쳐서 쓸 생각보다는 다른 새 것으로 바꿀 생각을 먼저 합니다. 그리고 헌 것이 된 고장난 샤프는 그대로 버리지요.

이것은 쓰레기가 아닌 것을 버리는 것으로 자원을 낭비하는 일입니다. 게다가 땅을 병들게 하는 일이기도 하지요.

연필을 쓰면 고장이 날 염려는 없어집니다. 그러나 연필을 반 정도만 쓰고 버리는 일은 없어야 되겠지요. 연필은 우리의 소중한 자원인 나무로 만들어집니다. 쓸 수 없을 때까지 남김없이 써야 합니다.

연필을 몽당연필이 될 때까지 쓰는 것은 우리에게 산소를 공급하는 나무를 아끼고 물자를 절약하는 환경보호 실천행동입니다.

종이를 아껴요

놀이터는 아이들의 소리로 가득했습니다. 와하하 크게 웃는 소리도 있었고, 아깝다는 듯 투덜거리는 목소리도 있었습니다.

"벌써 세 번째야."

여름이는 자기의 딱지가 다른 아이의 딱지에 맞아 뒤집어지자 발을 구르며 말했습니다.

"헤헤, 이번에도 내가 이겼다."

여름이의 딱지를 딴 아이의 입은 크게 벌어졌습니다. 빨간 옷을 입은 기철이 주머니는 아이들에게서 딴 딱지로 불룩하게 솟아올라 있었습니다.

"또 할거야."

"이제 없어. 집에 가서 또 만들어 올 거야."

여름이는 퉁퉁 부은 얼굴로 뒤돌아섰습니다.

여름이는 가지고 나왔던 딱지 열 장을 기철이에게 모두 잃고 말았습니다. 여름이의 딱지는 다 쓴 공책으로 만든 얇은 딱지였는데, 기철이의 딱지는 두툼한 새 종이로 만든 딱지였습니다. 여름이의 얇은 딱지는 두툼한 기철이의 딱지에 맥없이 뒤집혀 버리곤 했습니다.

"흥, 두고 보자."

여름이는 문방구로 향했습니다. 그 때 뒤에서 봄이의 목소리가 들렸습니다.

"여름아, 어디 가니?"

"딱지 만들 종이 사러 가."

여름이는 여전히 부은 목소리로 대답했습니다. 봄이는 피식 웃음을 터트렸습니다.

"너 애들한테 딱지 다 잃었구나."

"아니야."

"잃었으면서 뭘 그러니? 괜히 창피하니까."

"그래. 다 잃었어."

여름이의 입이 삐쭉 튀어나왔습니다.

"두꺼운 도화지로 딱지 만들어서 잃은 내 딱지 다시 다 찾을 거야."

여름이는 대단한 결심이라도 한 것처럼 다부진 목소리로 말했습니다. 그러자 봄이는 살짝 눈을 흘겼습니다.

"뭐 하러 도화지를 사 가지고 딱지를 만드니? 내가 헌 종이 줄게. 우리 집에 엄마가 다 쓴 종이 많이 모아 놨거든."

"얇은 종이로 하면 또 진단 말이야."

"여러 장을 겹쳐서 만들면 되잖아. 나도 같이 만들어 줄께."

여름이는 봄이를 따라 봄이 집으로 갔습니다. 봄이네 집에는 커다란 상자 안에 종이가 잔뜩 들어 있었습니다.

"종이도 모아 두는 거야?"

"응, 이 종이들을 모아 두면 나중에 재생용지로 만들어서 다시 쓸 수 있대."

"와, 그럴 수도 있는 거구나. 난 다 쓴 종이는 그냥

버렸었는데."

여름이와 봄이는 상자 안에 있는 종이를 꺼내 여러 장을 겹쳐 딱지를 만들었습니다. 봄이는 여름이가 딱지 접는 방법을 가르쳐 주자 꼼꼼하게 하나하나 접었습니다. 대충 접은 여름이의 딱지보다도 훨씬 반듯하게 보이고 튼튼해 보였습니다.

"이 정도면 됐어."

여름이는 봄이에게 벙긋 웃어 보이고 딱지를 들고 놀이터까지 달려갔습니다. 아이들은 아직도 딱지치기를 하고 있었습니다.

"나 딱지 가져왔어."

여름이는 기철이에게 딱지를 내밀어 보였습니다. 그 아이와의 딱지치기가 시작되자 여름이는 침을 꼴깍 삼켰습니다. 기철이의 딱지는 여름이의 튼튼한 딱지를 뒤

집어 놓지 못했습니다. 이제는 여름이가 딱지를 칠 차례였습니다. 여름이는 숨을 한번 들이쉬고 딱지를 힘껏 땅으로 내리 꽂았습니다. 두툼한 흰 딱지가 여름이의 딱지에 견디지 못하고 몸이 뒤집혔습니다.

"우와!"

둘러서 있던 아이들이 함성을 질렀습니다. 여름이의 속상했던 마음은 한순간에 멀리 날아가 버렸습니다.

"헤헤, 이겼다."

여름이의 마음속에서 꼼꼼하고 튼튼하게 딱지를 접어 준 봄이의 환한 얼굴이 떠올랐습니다.

알아봅시다

종이는 나무로 만들어집니다. 따라서 종이를 쓰는 사용량이 많아질수록 나무는 그만큼 수없이 베어지게 되지요.

나무를 종이로 사용할 수 있을 정도로 키우기 위해서

는 10년 이상의 긴 시간이 걸립니다.

우리들이 지금 쓰고 있는 종이가 10년 이상을 자란 나무로 만들어졌다고 생각해 보세요. 종이를 함부로 쓰거나 버릴 수 있을까요?

우리들이 한 해 동안에 쓰는 종이를 만들어 내기 위해서는 많은 나무들이 잘리우게 됩니다. 그런데도 해마다 종이를 쓰는 양은 계속 늘어만 가고 있습니다. 우리 나라도 종이를 만들기 위해 수입해 오는 나무의 양이 해마다 엄청나게 늘고 있지요.

우리가 쓰는 공책, 상자, 종이 가방, 혹은 신문, 광고지 등의 종이들은 다시 재생될 수 있습니다. 단, 표면이 매끈한 두꺼운 종이나 플라스틱이 붙어 있는 종이는 재생을 할 수 없습니다. 이런 종이들은 재생할 수 있는 종이와 같이 두어서는 안 되겠지요. 이처럼 재생할 수 있는 종이들은 다른 쓰레기와 같이 섞어 버려서는 안 됩니다.

포장은 꼭 필요할 때만 해요

"아줌마, 뭐 하시는 거예요?"

여름이는 봄이네 집 안으로 들어가다 말고 마당가에서 물었습니다. 봄이네 엄마는 마당 한켠 텃밭에 쪼그리고 앉아 열심히 일을 하고 계셨습니다.

"응, 여름이구나. 풀을 뽑아 주고 있는 거란다."

봄이네 엄마는 이마에 송글송글 맺힌 땀을 손등으로 쓱 문지르며 말했습니다.

봄이네 집에는 작은 텃밭이 있습니다. 그 텃밭은 봄이네 엄마가 작년에 손수 땅을 일구어서 가꾼 밭이었습니다. 처음엔 작은 채소들만 드문드문 심어져 있어 황량

해 보이던 밭이 이제는 제법 풍성해 보이는 밭의 모양을 갖추고 있었습니다.

"와아, 고추가 빨갛게 익었어요."

여름이는 텃밭가에 앉아 빨갛게 익은 고추가 매달린 모습을 신기한 눈으로 쳐다보았습니다. 고추나무 옆에는 상추들이 커다란 잎을 한 채 옹기종기 모아 심어져 있었습니다.

"어, 상추 잎파리에 구멍이 뚫렸네?"

여름이는 벌레가 먹은 상추를 보며 이마를 찡그렸습니다. 그러나 봄이네 엄마는 구멍이 숭숭 난 상추잎을 소중한 것이라도 되는 양 손바닥으로 살며시 쓸었습니다.

"농약을 하지 않아서 그래. 벌레를 없애려면 농약을 해야 되는데 농약은 몸에 해롭잖니. 보기엔 볼품없어 보여도 음식 찌꺼기 거름을 먹고 자란 무공해 상추란다."

"그럼 맛도 좋겠네요?"

"그럼. 여름이 집에 갈 때 나누어 줄게."

여름이의 입이 함박만하게 벌어졌습니다. 여름이는

입가에 웃음을 물고 봄이의 방으로 달려들어갔습니다.

봄이는 포장지를 이리저리 펼쳐 놓고 뭔가를 열심히 싸고 있었습니다. 조각난 포장지들이 방바닥에 어지럽혀 있었습니다.

"뭐 해? 아하, 선물 포장하는거구나."

"으응, 내일이 내 짝궁 생일이거든."

봄이는 가위로 포장지를 잘라 연필을 포장하며 말했습니다. 봄이 옆에는 포장된 작은 선물들이 여러 개 놓여 있었습니다. 포장이 안 된 학용품들도 아직 몇 개 남아 있었습니다.

"뭐야? 이걸 다 하나하나 포장하는 거야?"

"응, 예쁘게 하나씩 포장해서 바구니에 넣어 줄 거야. 멋진 생각이지?"

봄이는 자랑스럽게 말했습니다.

"어휴, 어차피 포장지는 다 벗겨 버릴 건데 뭐하러 그러니? 여자애들은 정말 알 수가 없다니깐."

여름이는 어이가 없다는 듯 코웃음을 쳤습니다. 봄이는 기분이 상해져서 여름이를 향해 눈을 흘겼습니다.

"흥, 네가 못 받으니까 샘이 나서 그러는 거지?"

"그런 선물 난 줘도 싫어."

여름이와 봄이는 서로 지지 않으려고 다투었습니다. 봄이는 씨근거리는 화를 참을 수 없었는지 말을 멈추고 한참 동안 여름이를 째려보았습니다. 봄이의 눈에 눈물이 차올랐습니다.

"에구, 무서워라. 왜 그런 눈으로 쳐다보니?"

여름이는 손바닥으로 얼굴을 가리며 손가락 사이로 슬그머니 봄이의 얼굴을 살폈습니다. 봄이에게 미안한 마음도 들었지만 그런 마음은 애써 눌러 버렸습니다.

"여름아, 상추 따왔다."

봄이 엄마가 방문을 밀자 봄이의 눈에서 기다렸다는 듯 눈물이 주룩 흘러 내렸습니다.

"엄마, 여름이가 내 선물포장 가지고 놀렸어요."

봄이는 엄마에게로 돌아서서 울먹이는 소리로 말했습니다. 봄이의 어깨를 토닥이며 방안을 둘러보시던 봄이네 엄마의 눈이 동그래졌습니다.

"무슨 포장지 조각이 이렇게 잔뜩 널려 있니? 한 명한테만 선물하는 거 아니었니?"

"한 명한테 하는 거예요. 하지만 예쁘게 하려고……."

봄이는 볼멘 소리로 중얼거렸습니다.

"짝궁 마음에 드는 선물을 주고 싶었나 보구나. 하지만 봄이야, 포장지는 그냥 버려지는 거야. 그리고 더 멋있게 포장한다고 해서 선물이 더 좋아지는 건 아니거든. 괜히 버려지는 포장지를 생각하면 오히려 포장을 덜한 선물이 더 좋은 선물일수도 있지. 안 그러니?"

봄이는 아직도 눈물 자국이 남아 있는 얼굴로 고개를 끄덕였습니다. 여름이는 포장지를 많이 쓰는 게 왜 안 좋은지를 잘 모르면서 무작정 놀리기만 했던 게 부끄러워졌습니다. 봄이가 힐끗 눈을 돌려 여름이를 쳐다보았습니다.

"헤헤."

여름이는 봄이를 마주보며 웃었습니다. 그러자 토라져있던 봄이의 입도 조금씩 벌어졌습니다. 무엇 때문인지 모를 웃음이 입을 간지럽혀 벌어지게 했습니다. 봄이네 엄마도 그 모습을 보며 호호 웃으셨습니다. 봄이와 여름이의 웃음이야말로 무공해 채소처럼 싱싱하고 건강한 웃음이라는 생각이 엄마의 가슴속으로 밀려들었습니다.

알아봅시다

포장은 말 그대로 물건을 포장할 때만 쓰입니다. 물건

을 꺼내고 나면 금방 쓰레기가 되어 버리지요.

아무리 예쁘고 좋은 포장지여도 금방 버려지게 됩니다. 너무 아까운 자원이지요.

슈퍼마켓에서 파는 물건을 한번 생각해 보세요.

사탕 한 개, 껌 한 개조차도 포장이 되어 있습니다. 물론 이것들은 금방 쓰레기로 버려지게 될 포장이지요.

물건을 포장할 때는 꼭 필요할 때만 해야 합니다. 필요치 않은 물건까지 포장을 하다보면 쓰레기도 엄청나게 불어날 뿐더러 아까운 자원도 쓸모없이 소모되어 버립니다.

15년 동안 자란 한 그루의 나무로 종이 봉지를 만들면 700개의 종이 봉지를 만들 수 있습니다. 이 700개의 종이 봉지가 많은 양이라고 느껴지나요?

문방구나 백화점에서 물건을 살 때 되도록이면 포장을 하지 말도록 합시다.

정말로 필요하다고 생각되는 포장 외에는 포장을 하지 않는 작은 노력이 지구를 살리는 힘이 됩니다.

유리병을 버리지 말아요

"청팀이겨라! 청팀 이겨라!"

"백팀이겨라! 백팀 이겨라!"

운동장은 자기의 팀을 응원하는 아이들의 목소리로 가득 했습니다. 저쪽에서는 와아! 하고 함성이 터져 나오기도 했습니다.

여름이는 모래로 장난을 하다 말고 함성이 터져 나오는 쪽을 돌아보았습니다. 줄다리기에서 이긴 팀 아이들이 두 손을 번쩍 들고 팔짝 팔짝 뛰고 있었습니다.

여름이네 반 아이들은 운동장의 모래사장에 앉아서 줄다리기가 시작되기를 기다리고 있었습니다. 여름이는 신발까지 벗은 채로 앉아 손바닥으로 모래를 떠서 주르륵 흘러내려 보내곤 했습니다.

"얘들아, 다음이 우리 반 차례야."

반장이 달려와서 말했습니다. 여름이네 반 아이들은 자리에서 벌떡 일어나 줄다리기를 하는 곳으로 달려갔습니다. 여름이도 얼른 신발을 들고 자리에서 일어났습니다.

"아야!"

마악 신발을 신으려던 여름이는 무엇인가에 찔린 발바닥을 붙잡고 소리를 질렀습니다. 발바닥에서는 순식간에 피가 흐르고 있었습니다. 빨간 피가 하얀 양말 사이로 번졌습니다. 땅에 있던 유리조각에 찔린 것입니다.

"엉 엉, 아파."

여름이는 바닥에 앉아 발바닥을 잡고 울먹거리기 시작했습니다. 그 때 봄이가 이 모습을 보고 얼른 여름이에게로 달려왔습니다.

"여름아, 왜 그래? 어디 아파?"

"발바닥이 유리조각에 찔렸어."

여름이는 봄이를 보자 눈물이 그렁그렁한 눈으로 말했습니다.

"빨리 양호실로 가자."

봄이가 여름이를 붙잡아 주었습니다. 여름이는 봄이의 부축을 받으며 다리를 절룩이면서 양호실로 갔습니다. 운동장을 가로지르다 보니 이곳 저곳에 빈 유리병이 굴러다니고 있었습니다.

"유리병을 그냥 막 버렸나 봐. 빈 병을 함부로 버려서 여름이 네 발이 벤 거야."

"맞아. 아이들이 유리병을 아무데나 버려서 그래."

여름이가 맞장구를 치며 투덜거렸습니다.

양호선생님은 여름이의 발을 소독하신 뒤 빨간 머큐롬을 발라 주셨습니다. 다행스럽게도 상처는 별로 크지 않았습니다.

"많이 아프겠구나. 병은 버리지 말고 모아 두라고 해

도 자꾸 그냥 버려서 걱정이야. 특히 운동회 날은 음료수를 먹고 그냥 아무데나 버리는 경우가 많거든."

양호 선생님은 치료한 상처에 거즈를 붙여 주시며 말하셨습니다.

"쓰레기통에 버리면 될 텐데, 그렇죠?"

여름이가 입을 삐죽 내밀고 말했습니다. 눈가에는 아직도 눈물 자국이 남아 있었습니다. 그러자 양호선생님은 고개를 내저으셨습니다.

"쓰레기통에 버려도 안 돼. 유리병은 쓰레기가 아니야. 다시 재생해서 쓸 수 있거든. 그러니까 쓰레기통에 버리지 말고 모아 두었다가 가게에 갖다 주면 돼. 가게 아줌마가 좋으신 분이면 과자도 한 봉지 주실 수도 있지. 그러면 발이 유리 조각에 베일 걱정도 없어지고 물자도 절약하게 되겠지?"

"헤, 난 지금까지 빈 유리병은 다 쓰레기인 줄 알았는데."

여름이가 내밀고 있던 입을 벌리며 웃었습니다.

"나두."

봄이도 숙인 고개 밑으로 여름이를 쳐다보며 쑥스럽게 웃었습니다. 봄이와 여름이는 운동장에 내려가면 반 친구들에게도 꼭 이 말을 들려주겠다고 생각했습니다.

"애들아, 빈 유리병은 쓰레기가 아니래."

알아봅시다

유리병이 그대로 묻히면 흙이 되기까지 걸리는 시간

이 얼마인지 아나요? 놀라지 마세요. 무려 100만 년이라는 시간이 걸린답니다. 100만 년이라는 시간은 너무 길어서 우리의 생각으로는 제대로 가늠하기도 힘든 정도입니다. 유리병이나 유리 조각들이 저절로 흙이 되리라고 생각하는 것은 정말 어리석은 일입니다.

유리는 재활용을 해서 쓸 수 있는 비중이 다른 쓰레기에 비해 매우 높습니다. 유리병을 그냥 버리지 않고 모아 두었다가 슈퍼에 갖다 주면 다시 재활용을 해서 쓸 수가 있지요.

집에 있는 유리병을 모아 두는 것은 물론이고 땅에 버려져 있는 유리병도 주워서 따로 모아 두어야 합니다. 유리병이나 유리그릇은 버리지 말고 모아서 얼마든지 재활용을 해서 쓸 수 있습니다.

우리가 모은 빈 유리병들을 공장에서는 잘게 부수고 녹여서 새 유리와 혼합을 해서 다시 만들어 냅니다. 그러면 새 유리병이 만들어지는 것입니다.

한 개의 유리병을 재생함으로서 절약되는 에너지는 100와트의 전구를 4시간 동안이나 켤 수 있는 에너지입니다.

물을 살리자

수돗물을 아껴요

봄이는 여름이 책꽂이에서 책을 고르다가 한켠에 있는 사진첩을 발견했습니다.

봄이가 사진첩을 들고 묻자 여름이는 벙긋 웃으며 고개를 끄덕였습니다. 그 사진첩에는 여름이가 아기였을 때부터 지금까지의 모습이 그대로 담겨 있었습니다. 여름이는 봄이에게로 다가가서 사진첩을 가지고 방바닥에 앉았습니다.

"내가 어렸을 때 사진 보여 줄게."

여름이는 자랑스럽게 시진첩을 펼쳤습니다. 그 곳에는 여름이가 백일 때 찍은 사진이 크게 확대되어 꽂혀 있었습니다. 옷을 벗은 아기가 두 주먹을 꼬옥 쥐고 의자에 앉아 있는 사진이었습니다.

"어? 다른 사진 보자."

여름이는 부끄러운 마음에 얼른 다음 장으로 넘겼습니다. 아무리 아기 때 사진이라지만 옷을 입지 않은 모습을 봄이에게 보여 준다는 것은 창피한 일이었습니다.

"아무것도 못 봤지?"

여름이가 봄이를 들여다보며 물었습니다. 봄이는 키득 키득 웃음이 새어 나왔습니다. 조그만 아기 때의 여름이는 너무나 귀여웠습니다.

"에이, 다 봤잖아?"

여름이가 투덜거렸습니다. 봄이는 여름이의 그런 모습에 더 웃음이 나왔습니다. 여름이는 창피한 마음에 사진첩을 덮으려 했습니다. 그러자 봄이는 얼른 손으로 입을 막으며 웃음을 참았습니다. 여름이는 다시 사진첩을 펼쳤습니다.

"여기는 우리 외할머니 댁이고, 여긴 삼촌 댁이야."

여름이는 사진에서마다 장난스런 표정을 짓고 있었습니다. 사진첩 뒷장에는 여름이네 엄마 아빠의 사진도

꽂혀 있었습니다.

"이 사진은 우리 엄마랑 아빠가 결혼하시기 전에 찍은 사진이래. 우리 엄마 예쁘지? 이때는 하나도 안 뚱뚱했는데 왜 지금은 뚱뚱할까?"

여름이는 알 수 없다는 듯 고개를 갸웃거렸습니다. 봄이는 그 사진을 들여다보다가 작게 소리쳤습니다.

"너희 엄마 얼굴에 여드름 났네?"

"여드름? 아니야, 그건 아파서 난 거야."

여름이는 그럴 리가 없다는 듯 피식 웃으며 말했습니다. 그러나 봄이는 끝까지 여드름이라고 우겼습니다.

"여름이 너도 여드름 날지 몰라. 내 짝궁이 그러는데 엄마나 아빠가 여드름 났었으면 애들도 여드름이 난대."

여름이의 얼굴이 찌푸려졌습니다. 여름이는 사진첩을 들고 엄마에게 달려갔습니다. 봄이도 따라갔습니다.

"엄마, 이거 정말 여드름이에요?"

여름이네 엄마는 사진을 쳐다보더니 그렇다고 하셨습니다. 여름이 얼굴에는 걱정스런 표정이 번졌습니다.

"그럼 나도 나중에 이렇게 여드름 나는 거예요?"

"몸을 깨끗이 안 씻으면 날 수도 있지. 여름이는 씻는 걸 싫어하니까 여드름이 날지도 모르겠구나. 엄마도 나중에 몸을 깨끗이 씻으니까 여드름이 없어지더구나."

여름이네 엄마는 장난스레 말하셨습니다. 여름이는 점점 더 걱정이 되었습니다. 혹시나 어느 날 아침 자고 일어났더니 얼굴에 여드름이 돋아나 있어 아이들에게 놀림을 받게 되지 않을까 하는 생각도 들었습니다.

"봄이 너도 우리 엄마 말 들었니? 깨끗이 안 씻으면 여드름이 난대. 큰일이야. 6학년 형들도 안 난 여드름이 내 얼굴에 나면 어떡하지?"

"깨끗이 씻으면 되잖아."

봄이가 간단하게 말해 주었습니다. 그러자 여름이는 금세 웃는 얼굴로 바뀌어서 욕실 안으로 들어갔습니다. 봄이도 여름이를 따라 들어갔습니다.

"너도 여드름 안 나려면 깨끗이 씻어야 돼."

여름이는 봄이에게 세면대 자리를 내어 주고 자기는 샤워기 쪽에 쪼그리고 앉았습니다. 여름이와 봄이는 깨끗한 물로 씻어야겠다는 생각에 수도꼭지를 한껏 틀어 놓고 세수를 시작했습니다. 물을 받아 놓지 않고서 그냥 씻느라 물이 콸콸 욕실 바닥으로 흘렀습니다. 여름이는 봄이 보다 더 열심히 얼굴을 씻었습니다. 나중엔 얼굴이 얼얼했습니다.

"어푸, 이 정도면 되겠지? 너무 오랫동안 씻어서 얼굴이 아파."

여름이는 그제야 수도꼭지를 잠궜습니다. 봄이도 얼굴 씻기를 마쳤습니다. 욕실을 나가려던 여름이는 눈이 동그래졌습니다.

욕실 바닥에 물이 발목까지 차도록 고여 있었기 때문입니다. 발을 뗄 때마다 텀벙텀벙 소리가 났습니다.

"물을 너무 많이 써서 안 내려가나 봐."

봄이가 걱정스러운 목소리로 말했

세면장

습니다. 여름이도 슬슬 걱정이 되기 시작했습니다. 엄마가 보면 뭐라고 야단을 치실 게 분명했습니다. 어쩔 줄 모르고 안절부절하고 있을 때 여름이네 엄마가 욕실 문을 열었습니다. 욕실 바닥을 본 엄마의 얼굴에서 어이없어 하시는 표정이 나타났습니다.

"세상에, 너희 지금까지 물장난했니? 욕실에 홍수가 났구나."

여름이와 봄이는 손가락만 비비 꼬며 고개를 숙이고 있었습니다.

"물장난을 한 게 아니라 얼굴을 씻은 건데……."

"얼굴을 씻으려면 물을 받아 놓고 씻어야지, 수도꼭지를 이렇게 강이 되도록 계속 틀어놨었단 말이야."

"깨끗하게 씻으려고 그런 건데……."

봄이가 말끝을 흐렸습니다. 여름이네 엄마는 질퍽거리는 욕실 안에 서 있는 봄이와 여름이를 밖으로 내보내셨습니다.

"너희들 여드름 때문에 그랬구나? 세면대에 물을 받아서 구석구석까지 싹싹 닦는 게 깨끗한 거지, 수도꼭지를 틀어 놓고 씻는 게 깨끗한 게 아냐. 그렇게 하면 아까운 물만 그냥 흘려보내고 구석구석 깨끗이 씻지도 못하게 되거든. 알겠니?”

봄이와 여름이는 얼얼해진 얼굴을 끄덕였습니다. 머리카락이나 웃옷이 모두 물투성이였습니다. 엄마의 말씀대로 세면대에 물을 받아 씻었으면 이런 소동도 벌어지지 않았을 텐데 하는 마음이 봄이와 여름이의 마음속으로 밀려들었습니다.

알아봅시다

우리에게 필요한 물 중에서 수돗물만큼 우리가 편하게 쓰고 있는 것도 없습니다. 수돗물은 수도꼭지만 틀면 금방 나오지요.

이렇게 쉽게 쓸 수 있다는 생각 때문에 우리는 수돗물을 너무 낭비하고 있는지도 모릅니다.

아마 여러분 중에는 이를 닦을 때 수도꼭지를 틀어 놓고 닦거나, 그릇을 닦을 때, 세수를 할 때, 수도꼭지를 틀어 놓고 하는 어린이가 있을지도 모릅니다.

그런데 이런 사실을 알고 계시나요? 이를 닦을 때 수도꼭지를 잠궈 놓고 있으면 그 때마다 33리터의 물이 절약된답니다.

그리고 그릇을 씻을 때 설거지통에 물을 채우고 그릇을 닦으면 물을 틀어 놓고 닦는 것보다 92.5리터의 물을 절약할 수 있습니다. 이 물의 양은 우리가 5분 동안 샤워를 할 수 있는 물의 양입니다. 수도꼭지를 틀어 놓고 설거지를 함으로 샤워를 할 수 있을 만큼의 물의 양이 낭비되는 것이지요.

세수를 할 때도 물을 계속 틀어 놓으면 한 번 세수할 때마다 50리터 정도의 물이 낭비됩니다. 그러니 세수를 할 때도 꼭 물을 받은 다음 세수를 해야 되겠지요.

우리가 아무렇지도 않게 버리고 낭비하는 물이지만 그 물들이 모이면 엄청난 양이 됩니다. 그리고 우리가 가정에서 쓰고 버리는 물의 양이 많으면 많을수록 수질 오염도 증가하게 되지요.

자원도 절약하고 수질도 보호하는 방법 중에 하나가 수돗물을 아껴 쓰는 일입니다.

더운 물을 아껴 써요

"너 오늘도 목욕탕 가는 거 슬쩍 넘기려고 했지? 목욕탕 가기 싫으면 집에서라도 해."

여름이네 엄마는 텔레비전 앞에 앉아 있는 여름이를 기어코 일으켜 세웠습니다. 여름이는 텔레비전을 더 보고 싶은 마음에 울상을 지었습니다.

"내일 할게요. 내일은 정말 학교에서 돌아오자마자 할게요."

그러나 더 이상 그 수법은 통하지 않았습니다. 여름이는 벌써 삼 일째 그 말을 되풀이하고 있었거든요.

"오늘은 절대 안 돼. 엄마가 또 네 꾀에 넘어갈 것 같니?"

엄마는 여름이를 번쩍 들어서 일으켜 세웠습니다. 묵직한 몸 만큼이나 힘도 센 엄마에게는 여름이를 드는 것쯤이야 아무 일도 아니었습니다.

"내일은 정말 할 건데……."

여름이가 간절한 눈빛으로 말해도 엄마는 고개를 가로 저으셨습니다.

"욕탕 안에 물도 받아 놨어. 따뜻할 때 빨리 해."

엄마가 인상을 쓰자 여름이는 후닥닥 욕실 안으로 들어갔습니다.

"너 또 물장난만 하다 나오면 안 돼."

엄마가 욕실문에 대고 오금을 박았습니다. 여름이는 엄마의 말에 조금 가슴이 뜨끔했습니다. 욕탕 안에서 목욕만 한다는 것은 정말 재미없는 일이었습니다. 혼자 발장구를 치는 것도 목욕을 하면서 느끼는 재미였습니다.

여름이는 옷을 벗고 욕탕 안으로 들어갔습니다. 따뜻한 물이 몸을 부드럽게 감쌌습니다. 여름이는 물 속에서 가볍게 발장구를 쳐보았습니다. 물이 출렁거리면서

몸을 간지럽혔습니다.

“헤에, 재밌다.”

여름이는 풍덩풍덩 발을 세게 휘저었습니다. 욕탕 안에 있던 더운물이 밖으로 흘러내렸습니다. 발장난을 하는 것도 싱거워지자 여름이는 비누를 욕탕 안에 넣고 손으로 잡으려 텀벙거리며 좁은 욕탕 안을 휘젓고 다니기 시작했습니다.

그때 밖에서 엄마의 날카로운 목소리가 들렸습니다.

"너 또 물장난하지? 몸 제대로 안 씻으면 엄마가 들어가서 아프게 밀어줄 거야."

"알았어요."

여름이는 입을 뾰족하게 내밀고 욕조 안에서 나왔습니다. 맑던 물이 비누 때문에 뿌옇게 흐려져 있었습니

다.

"버리고 샤워기로 다시 해야지."

여름이는 욕조 바닥의 꼭지를 뽑아 물을 모두 욕조 밖으로 흘려 보내 버렸습니다. 여름이는 따뜻한 물로 덥혀진 몸 위에 비누칠을 했습니다. 비누칠을 씻어내기 위해 샤워 꼭지를 돌렸습니다. 그런데 물은 쫄쫄쫄 새는 것처럼 흐르더니 이내 뚝 물방울만 남기고는 더 이상 나오지 않았습니다.

"어, 큰일이네."

여름이는 샤워기의 꼭지를 이리저리 돌렸습니다. 다른 수도꼭지들도 샤워기처럼 물이 나오지 않았습니다. 여름이의 몸은 온통 비누 거품으로 싸여 있었습니다. 얼굴이 점점 따가워왔습니다.

"어, 엄마, 어떡해요. 물이 안 나와요."

여름이는 욕실문을 열고 비누칠한 몸으로 울 것 같은 표정을 지었습니다. 엄마는 작은 눈을 치뜨고 여름이의 비누 거품 묻은 몸을 쳐다보았습니다.

"욕조 안에 받아 놨던 따뜻한 물 있잖니. 그걸로 씻으면 되잖아."

"그 물 다 버렸단 말예요. 엄마 따가워요. 빨리 물!"

여름이는 욕실 문가에 서서 발을 동동 굴렀습니다. 엄마는 저녁을 준비하려고 받아 두었던 물을 가져다 제대로 눈도 뜨지 못하는 여름이의 얼굴을 닦아 주셨습니다.

"그러길래 엄마가 물장난치지 말라고 했잖아. 장난만 안 했어도 물 안 버렸을 거 아니니. 그 아까운 물을 그냥 다 버리다니, 또 그럴 거니?"

"아푸, 아뇨."

물은 너무나 차가웠습니다. 여름이는 그냥 흘려 버렸던 욕조 안의 따뜻한 물이 생각났습니다. 그 물만 버리지 않았어도 지금쯤 얼굴이 따갑지도 않고, 따뜻하게 목욕할 수 있었을 거라고 생각하니 쓸데없이 장난친 일이 여간 후회되지 않았습니다.

알아봅시다

우리가 집에서 사용하는 에너지의 양은 엄청납니다.

전기불을 켜는 데도 에너지가 사용되고, 선풍기나 에어컨을 켤 때도, 방을 따뜻하게 덥힐 때도 에너지가 사용됩니다. 그리고 물을 따뜻하게 데울 때도 에너지가 쓰이게 됩니다.

물을 따뜻하게 데울 때 사용되는 에너지의 양은 매우 많습니다. 우리가 가정에서 쓰는 전체 에너지 가운데 5분의 1가량은 물을 데우는 데 쓰입니다.

그런데도 우리는 따뜻한 물을 함부로 사용할 때가 많지요. 특히 목욕탕에서는 물을 보통 때보다도 훨씬 많이 쓰게 됩니다.

목욕탕에서 욕조 안의 물을 쓸데없이 많이 끼얹는 일은 아까운 물을 버리는 일일 뿐만 아니라 에너지를 낭비하는 일이기도 합니다. 딱 알맞은 만큼만 물을 사용하는 생활이 되어야겠지요.

우리는 흔히 목욕을 할 때 욕조에 더운물을 받아서 하

거나 아니면 샤워기로 합니다. 그런데 혹시 물을 욕조에 받아서 샤워하거나 목욕을 하는 일이 물을 너무 낭비하는 일이라는 생각해 본 적이 없나요?

욕탕에 물을 받아 샤워를 하는 것보다 샤워기로 샤워를 하면 따뜻한 물의 사용을 반 정도로 줄일 수가 있습니다.

보통 가정에서 쓰는 욕조의 용량은 136리터입니다. 그러나 오 분 정도 샤워기를 틀어 놓았을 때 사용되는 물의 소비량은 68리터입니다. 욕조에서 쓰는 양의 딱 반이 되는 양이지요.

머리에 거품을 낼 때나 몸에 비누칠을 하고 있을 때의 샤워기의 꼭지를 잠그는 일도 중요합니다. 꼭지를 잠궈 놓지 않으면 그 동안에 쓰지도 않는 더운 물이 낭비되니까요.

샤워기로 샤워를 하고, 비누칠을 하고 있을 때 샤워기의 꼭지를 잠그는 일, 잊지 마세요.

화장실의 물을 아껴요

"봄이야!"

여름이는 봄이네 집앞에 서서 큰 소리로 외쳐 불렀습니다. 그러자 금방 봄이의 발자국 소리가 들렸습니다.

"여름이구나? 들어와."

여름이는 대문을 들어서자마자 코를 킁킁거렸습니다. 맛있는 냄새가 솔솔 풍겨와 여름이의 코를 간지럽혔기 때문입니다.

"흠, 이게 무슨 냄새니?"

"떡볶이 냄새야. 우리 엄마가 만들고 계셔."

여름이는 자기도 모르게 입이 슬그머니 벌어졌습니

다. 봄이는 그 모습을 보고 킥킥 웃었습니다.

"떡볶이가 그렇게 좋니?"

여름이는 입을 벙긋 벌리고 고개를 끄덕였습니다.

봄이와 여름이는 식탁에 나란히 앉았습니다. 봄이네 엄마가 유리 그릇에 수북하게 떡볶이를 담아 주셨습니다.

"맛있게 먹겠습니다!"

여름이는 고개를 꾸벅 숙이고 난 후 입 안 가득 떡볶이를 넣었습니다. 봄이네 엄마는 식탁 옆에 앉아 봄이와 여름이가 먹는 모습을 미소를 띠고 지켜보셨습니다.

봄이네 엄마가 만들어 주시는 떡볶이 맛은 매우 맛있었습니다. 여름이는 배가 꽉 차오르는 줄도 몰랐습니다. 봄이는 놀랐다는 듯 눈을 동그랗게 뜨고 여름이를 쳐다보았습니다.

"여름아, 벌써 두 그릇째야."

그러나 여름이는 마지막 남은 떡까지 싹싹 비운 뒤에야 젓가락을 놓았습니다. 여름이의 배는 공기를 채워 넣은 것처럼 빵빵해졌습니다. 숨을 쉬기도 힘들었습니다.

"너무 많이 먹었나 봐."

여름이는 배가 슬슬 아파왔습니다. 읽고 있던 동화책의 내용도 머릿속에 들어오지 않았습니다. 봄이는 책 속의 이야기에 푹 빠져 있는 것 같았습니다.

'어휴, 이럴 줄 알았으면 조금만 먹는 건데.'

여름이는 슬그머니 자리에서 일어나 화장실로 들어갔습니다. 좌변기에 앉자마자 뿌릉 하는 소리가 터져 나왔습니다. 여름이는 창피함으로 얼굴이 벌겋게 물들었습니다. 거실에 있는 봄이의 귀에까지도 들렸을 것만 같았습니다.

"또 소리가 나면 어쩌지?"

여름이는 엉거주춤 서 있다가 옳지! 하고 속으로 외쳤습니다. 그리고는 좌변기에 다시 앉아 물 내리는 밸브를 아래로 잡아당겼습니다. 좌악 쏟아지는 물소리에 가려져 아무 소리도 밖으로 새 나가지 않았을 게 분명했습니다.

"히힛, 이 방법이 있었지."

여름이는 맘 놓고 뱃속이 시원해질 때까지 화장실에서 나오지 않았습니다. 그리고 그 때까지 두 번 정도 더 물을 내렸습니다. 그런데 막상 문제는 화장실에서 나오려 할 때 일어났습니다. 아무리 밸브를 아래로 잡아당겨도 물이 내려가지 않는 것이었습니다. 여름이는 한손으로는 코를 막고 한손으로는 계속 밸브를 누르고 있었습니다. 그래도 물은 나오지 않았습니다.

여름이는 다시 울상이 되었습니다. 그러나 애써 얼굴을 태연하게 하고 화장실을 나와 봄이에게 물었습니다.

"저, 봄이야. 너희 화장실 변기 고장났니?"

봄이는 의아한 표정으로 여름이를 쳐다보면서 고개를 저었습니다. 여름이는 눈앞이 캄캄해졌습니다. 그렇다고 해서 그냥 집으로 갈 수도 없었습니다.

"사실은 물이 내려가질 않아. 아깐 잘 내려갔었는데."

여름이는 벌개진 얼굴로 머리를 긁적였습니다. 그러나 잠시 후 봄이가 깔깔 웃음을 터뜨렸습니다.

"바보, 소리날까 봐 계속 물을 내렸구나? 우리 집 변기는 계속해서 물을 내리면 나중엔 물이 잘 안 나온단 말이야."

"그럼 진작 말을 해 주었어야지. 몰랐잖아!"

여름이는 창피한 마음에 괜시리 봄이에게 화를 냈습니다. 봄이는 그래도 웃음을 그치지 않았습니다. 여름이는 다시 화장실로 들어가 욕조 안에 물을 물통으로 가득 떠서 변기에 부었습니다. 왜 아까는 이 방법이 생각나지 않았는지 알 수 없었습니다.

봄이의 웃음소리에 봄이네 엄마가 거실로 나오셨습니다. 봄이네 엄마는 깔깔 웃고 있는 봄이와 얼굴이 벌개진 여름이를 번갈아 쳐다보셨습니다.

"호호, 그랬었구나? 여름이가 많이 창피했나 보구나?"

봄이에게서 말을 듣고 난 봄이네 엄마는 웃으며 여름이의 얼굴을 들여다보셨습니다. 여름이의 얼굴이 화끈 달아올랐습니다.

"소리가 나는 게 뭐 창피하니? 그건 자연스러운 거야. 오히려 소리가 날까 봐 물을 내리는 게 더 창피하지. 창피하다고 해서 괜히 쓰지도 않는 물을 내리는 건 깨끗한 물을 그냥 버리는 거나 마찬가지야. 다음부턴 창피하다고 해서 물을 그냥 내리는 일이 없도록 하기다. 알았지? 봄이한테도 절대 화장실 때문에 웃지 말라고 할게."

여름이는 손가락을 꼼지락이며 고개를 끄덕였습니다. 봄이도 계속 이어질 것 같던 웃음을 멈추었습니다.

알아봅시다

우리가 가장 물을 많이 쓰는 곳은 어디일까요?

바로 화장실입니다.

화장실에서 한 번 손잡이를 누를 때마다 사용되는 물의 양은 18리터에서 25리터의 물입니다. 이 양은 필요 이상으로 많은 양이지요.

우리가 생활하수로 쓰는 물이 많으면 많을수록 물의 오염도 심각해집니다. 우리가 가정에서 쓰고 버리는 더럽혀진 물은 다시 강으로 흘러들기 때문이지요. 더러워진 물이 많이 흘러들면 흘러들수록 강물도 더럽혀지게 됩니다.

우리가 물을 깨끗하게 되살리기 위해선 가정에서 쓰는 생활하수의 양을 줄여야 합니다. 생활하수의 양을 줄이기 위해서 우리가 할 수 있는 일 중의 하나가 화장실의 물 사용량을 줄이는 것이지요.

손잡이를 한 번 누를 때마다 나오는 18리터에서 25리터의 물을 1.5리터씩만 아껴도 엄청난 양의 물이 절약

될 수 있습니다. 한 가정에서 변기를 쓰는 횟수를 보통 20번으로 친다고 하더라도 1년이면 730번의 변기를 사용하는 것이 됩니다. 이렇게 생각해 볼 때 변기를 한 번 사용할 때의 양을 20리터로 하더라도 1년에 1,460 리터의 물을 사용하는 결과가 되지요.

온 국민이 화장실의 물을 1.5리터씩만 절약하게 되면 1년에 3,600만 톤이라는 엄청난 양입니다.

그러면 화장실의 물을 어떻게 해야 절약할 수 있을까요?

플라스틱 음료수 병 한 개에는 1.5리터의 물이 들어갑니다. 통을 무겁게 하기 위해서 우선 통 안에 작은 돌멩이들을 넣습니다. 그 다음에는 물을 채운 다음 병마개를 잠급니다. 그 통을 변기의 물탱크 속에 넣어 두면 됩니다.

그러면 물탱크 안의 면적이 좁아짐으로서 물을 그만큼 적게 사용할 수 있게 되지요.

샴푸 대신 비누를

"엄마, 샴푸 어디 있어요?"

봄이는 머리에 물을 잔뜩 적시고 거실에 있는 엄마를 불렀습니다. 욕실 안을 이리저리 둘러보아도 샴푸는 보이지 않았습니다. 봄이는 물이 뚝뚝 떨어지는 머리카락을 붙잡고 다시 한 번 엄마를 불렀습니다.

"엄마! 샴푸 좀 찾아 주세요."

그러자 엄마가 욕실문을 열고 봄이를 들여다보셨습니다. 그리고는 욕실 거울 위에 붙은 종이를 가리켰습니다.

"수요일은 샴푸 대신 비누로 머리 감기? 이게 뭐예

요?

봄이는 동그래진 눈으로 엄마를 쳐다보았습니다. 엄마는 빙긋 웃으셨습니다.

"그 말 그대로야. 일 주일에 한 번쯤은 샴푸 대신 비누로 머리를 감는 게 좋을 것 같아서 그 날을 수요일로 정했단다. 수요일에 머리를 감지 않으면 그 다음날이나 그 전날 비누로 감으면 돼."

"머리를 어떻게 비누로 감아요? 전 그냥 샴푸로 감을래요."

봄이는 울상을 지었습니다. 여지껏 한번도 비누로 머리를 감아 보지 않은 봄이는 그 일이 무척 어렵게만 여겨졌습니다.

"엄마도 수요일은 세제를 쓰지 않기로 했어. 우리가 마시고 쓰는 물이 샴푸나 세제 때문에 썩어가고 있다잖니. 깨끗한 물을 먹기 위해서 그 일쯤이야 아무것도 아니지. 정 어려울 것 같으면 엄마가 감아 줄게."

봄이네 엄마는 욕실 안으로 들어와 물에 젖은 봄이의 머리카락 위에 비누칠을 해 주셨습니다.

"눈이 따가울 것 같아요."

봄이가 눈을 제대로 뜨지 않고 꼬옥 감은 채 걱정했습니다. 그러나 봄이네 엄마는 비누가 묻은 머리를 손으로 살살 비벼 주셨습니다.

"비누는 샴푸보다 독성이 적으니까 괜찮을 거야. 삼푸는 물에서 녹지도 않고 독성이 강하거든. 어때, 생각보다 감을만 하지?"

봄이는 살며시 눈을 뜨고 고개를 끄덕였습니다. 머리를 헹구어 비눗물을 빼내고 난 다음 머리를 말린 봄이는 거울 앞에서 머리를 살펴보았습니다. 머리카락이 뻣뻣하게 느껴져서인지 머리도 붕 뜬 것 같았습니다.

"이상해."

봄이는 머리를 양손으로 누르며 뾰로통한 목소리로 말했습니다.

그 때 밖에서 여름이의 목소리가 들렸습니다. 봄이는 창피한 마음에 얼른 방문 뒤로 숨어 버렸습니다.

"봄이야, 나야."

여름이가 방문을 열려 했습니다. 그리고는 방문이 무엇엔가 걸려 조금밖에 열려지지 않자 방문 뒤로 고개를 내밀었습니다.

"어? 너 여기서 뭐해?"

여름이는 봄이의 손을 머리에서 끌어내렸습니다. 여름이는 봄이의 붕 뜬 머리를 보고 푸하하 웃음을 터뜨렸습니다.

"사자머리래요. 사자머리."

여름이는 깔깔대며 웃었습니다. 봄이의 얼굴은 벌겋게 달아올랐습니다. 봄이는 주먹을 꼬옥 쥐고 외쳤습니다.

"그래, 난 사자머리야. 비누로 감아서 그래. 넌 샴푸로 감지? 샴푸가 얼마나 물에 안 좋은지도 모르면서."

"핏, 모르면 어때? 비누보단 샴푸로 감는 게 훨씬 더 좋다구."

"아니야! 비누가 더 좋아."

봄이와 여름이의 투닥이는 말 소리에 봄이네 엄마가 놀라서 들어오셨습니다.

"아줌마, 샴푸가 더 좋죠?"

"아니죠, 엄마. 비누가 더 좋다고 하셨죠?"

봄이와 여름이는 서로 앞다투어 물었습니다. 봄이네 엄마는 무슨 일인가 싶어 놀란 눈을 하고 있다가 이제 알았다는 듯이 호호 웃으시며 말했습니다.

"봄이 머리 때문에 그러는구나. 비누로 감는 게 훨씬 좋단다. 왜냐 하면 비누는 샴푸보다 물을 덜 오염시키거든. 머리가 붕붕 뜨면 어떠니. 마음이 예쁜데."

봄이 엄마의 말에 여름이는 머쓱해졌습니다. 사실은 샴푸보다도 비누로 감는 게 더 좋다는 걸 잘 알고 있었으면서 봄이를 놀려 주고 싶어서 우긴 거였거든요.

"그것 봐, 내 말이 맞잖아. 네가 틀렸으니까 벌칙을 받아야 돼."

봄이는 으쓱해진 목소리로 말했습니다.

"무슨 벌칙인데?"

"수요일마다 머리를 비누로 감는 거야. 수요일에 감지 않으면 그 전날이나 그 다음날 감아도 돼."

"뭐?"

여름이의 얼굴이 쓴 음식을 먹은 것처럼 떨떠름해졌습니다. 그러나 한편으로는 그 일이 싫지만은 않을 거라는 생각도 들었습니다.

알아봅시다

물 없이 우리가 얼마나 살 수 있을까요?

우리는 몸을 씻는 데도 물을 필요로 하고, 밥을 지을 때도, 몸에 수분을 공급할 때도 물을 필요로 하지요. 물을 하루라도 쓸 수 없다는 것은 정말 끔찍한 일입니다.

그런데 이처럼 소중한 물이 썩어들어가고 있습니다. 무엇이 우리의 소중한 물을 이토록 오염시켰을까요?

우선 많은 원인들을 꼽아 볼 수 있겠지요. 합성세제, 샴푸, 공장에서 버리는 폐수, 바다에 버리는 기름 등이 물을 오염시키는 주범입니다.

그러나 이 중에서 물을 가장 심하게 오염시키는 것은

바로 우리가 쓰고 버리는 생활하수입니다. 이 생활하수 중에는 퐁퐁이나 피죤, 락스 등의 여러 세제들도 있고 샴푸도 있습니다. 퐁퐁이나 피죤, 락스 등을 합성세제라고 하지요.

합성세제는 물을 오염시켜서 썩게할 뿐만 아니라 물고기들까지도 죽게 만들어 버립니다. 샴푸나 다른 합성세제를 풀은 물에 금붕어를 넣고 10분 정도 지난 후 살펴보면 금붕어의 아가미에서 피가 나오는 것을 볼 수 있습니다.

하루 빨리 물을 다시 맑게 되살리는 일이 필요합니다. 물을 되살리기 위해 우리가 할 수 있는 첫번째 일은 샴푸를 쓰지 않는 것입니다. 샴푸 대신 비누로 머리를 감는 것이지요. 비누로 감고 난 뒤 식초를 한 방울 물에 떨어뜨려 머리를 헹구고 나면 머리결도 부드러워진답니다.

작은 실천이라도 물을 되살리려는 우리의 노력이 필요합니다.

쓰레기를 없애자

쓰레기를 작게 해서 버려요

봄이와 여름이는 이야기책의 내용에 흠뻑 빠져 있었습니다.

봄이와 여름이가 읽고 있는 책은 세계동화집이었습니다. 그 책 속에는 봄이와 여름이가 잘 알지 못하는 나라의 신기한 이야기들이 있었습니다.

"킥킥, 옛날 사람들은 지구가 네모라서 끝까지 가면 그 밑으로 뚝 떨어지는 줄 알았대."

여름이가 네모난 지구가 그려진 그림을 가리키며 웃었습니다. 봄이도 여름이가 가리키는 그림을 신기한 듯 쳐다보았습니다.

"옛날 사람들의 생각은 정말 재미있어. 이 책에 나오는데, 옛날 어떤 중국 사람은 하늘이 무너지지나 않을까 땅이 꺼지지나 않을까 매일 걱정을 하며 살았대."

"헤, 정말이야?"

"그런데 정말 호랑이가 담배 피우던 때가 있었을까? 우리 나라 옛날 동화책을 보면 그런 말이 많이 나오잖아. 옛날옛적 호랑이 담배 피우던 때의 이야기입니다. 이렇게 말이야."

"바보. 그건 정말 호랑이가 담배를 피웠다는 이야기가 아니라 그만큼 오래 전 애기라는 말이야."

여름이가 픽 웃으며 대꾸했습니다. 그러나 봄이는 정말로 그랬을 때가 있었을 것만 같다는 생각이 들었습니다.

그 때 시장에서 돌아오신 봄이네 엄마가 방문을 열었습니다. 손에는 장바구니가 들려 있었습니다.

"같이 책 읽고 있었구나. 엄마가 과자 사왔다."

"와아!"

봄이 엄마는 장바구니에서 과자 봉지를 꺼내 봄이와 여름이에게 건네주셨습니다. 그 과자는 봄이가 좋아하는 쌀과자였습니다. 봄이와 여름이는 아삭아삭 씹히는 쌀과자를 먹으며 다시 동화책을 계속 읽었습니다.

"맛있다."

여름이는 한 손을 과자 봉지 속에 집어넣고 과자를 꺼내려 했습니다. 하지만 봉지 안은 벌써 텅 비어 있었습니다. 여름이는 슬그머니 곁눈으로 봄이와 과자를 쳐다보곤 봄이 것 속에 손을 집어넣었습니다.

"벌써 다 먹었어?"

봄이가 고개를 돌리며 물었습니다. 여름이는 쑥스러운 표정으로 히죽 웃으며 고개를 끄덕였습니다.

"정말? 어디 보여 줘 봐."

"정말이야. 자, 봐."

여름이는 과자봉지를 들어 텅 빈 속을 벌려 보였습니다. 그러자 봄이는 먹고 있던 과자 봉지를 가운데에 놓았습니다.

여름이는 다 먹은 과자봉지를 얼른 쓰레기통에 아무렇게나 집어넣었습니다.

"어, 그렇게 버리면 안 돼."

봄이가 몸을 일으키며 쓰레기통 속의 과자 봉지를 다

시 꺼냈습니다. 그리고는 작게 여러 겹으로 접어서 다시 쓰레기통 속에 넣었습니다.

"왜 그렇게 작게 접어서 버려?"

"쓰레기를 크게 해서 버리면 나중에 쓰레기를 땅에 묻을 때 차지하는 면적도 많아진대. 하지만 작게 해서 버리면 면적을 작게 차지하잖아. 그래서 제일 작게 접어서 버리는 거야."

"정말 그렇구나."

여름이는 신기한 듯 눈을 동그랗게 떴습니다. 지금껏 많은 쓰레기를 버리면서도 한 번도 생각해 보지 않았던 일이었습니다.

"쓰레기가 많아서 이제는 쓰레기를 묻을 땅도 없대."

"그래서 쓰레기를 작게 해서 버리는 거구나?"

봄이는 고개를 끄덕였습니다. 여름이는 갑자기 봄이가 어른스럽게 느껴졌습니다. 마치 누나처럼 느껴졌습니다. 하지만 봄이를 봄이 누나라고 부른다고 생각하니 킥킥 웃음이 터져 나왔습니다.

"왜 웃니?"

"아니야, 봄이 누나. 아니, 봄이야."

봄이도 여름이의 입에서 튀어나온 누나라는 말에 키득키득 웃어 버리고 말았습니다.

알아봅시다

우리는 쓰레기를 버리면서 이 쓰레기가 어디로 갈 것인가에 대해서 잘 생각하지 않습니다. 단지 쓰레기통에 버리기만 하면 된다라는 생각을 하기 쉽지요.

대부분의 쓰레기는 땅에 묻히게 되지요. 따라서 쓰레기 양의 부피가 크면 클수록 차지하는 땅의 면적도 넓어집니다. 발로 눌러서 짜부러뜨린 음료수 캔과 짜부러뜨리지 않은 음료수 캔이 차지하는 면적은 서로 다르지요.

예를 들면, 나무 젓가락의 포장지를 그냥 버리면 가로 22.5센티미터, 세로 3센티미터의 부피가 됩니다. 그러나 접을 수 있을 때까지 접어서 버리게 되면 가로 1.5센티미터, 세로 1.8센티미터로까지 부피를 줄일 수 있게 되지요. 그러면 땅에 묻힐 때 차지하는 면적도 그만큼 줄어들게 되는 것입니다.

나무 젓가락 포장지뿐만 아니라 다른 쓰레기들도 이렇게 부피를 작게 하여 버리는 일이 필요합니다.

그냥 버리게 되면 쓰레기를 치우거나 처리하는 데도 더 많은 사람의 노력과 비용이 들게 됩니다. 양이 그만큼 많으니까요.

쓰레기를 작게 하여 버리는 일은 우리의 땅을 살리는 커다란 지혜입니다.

버려진 쓰레기를 주워요

"아빠, 뭐 하세요?"

여름이는 다락방에 올라가 계시는 아빠를 올려다보며 물었습니다. 여름이네 아빠는 아침 식사를 하시자마자 다락방에 올라가셔서 뭔가를 분주히 챙기고 계셨습니다.

"오늘 봄이네 아빠랑 낚시 가기로 했단다. 그래서 낚시 도구를 챙기는 거야."

아빠는 여전히 바쁘게 손을 놀리시면서 다락방 아래 있는 여름이에게 말하셨습니다.

"봄이랑 저도 낚시 데려가 주세요."

여름이가 졸랐습니다.

여름이는 아빠가 주말마다 가끔씩 가시곤 하는 낚시터를 꼭 따라가 보고 싶었습니다. 아빠는 낚시터에서 돌아오실 때마다 커다란 잉어를 통에 넣어가지고 오시곤 했습니다.

"아빠, 오늘은 저희도 데려가 주세요. 네?"

"너희들을 데리고 가면 시끄러워서 안 돼. 시끄러우면 고기가 다 도망가 버리거든."

"시끄럽게 하지 않을게요. 조용히 앉아서 보기만 할거예요."

여름이가 지치지도 않고 조르자 아빠는 결국 같이 데려가 주시기로 승낙을 했습니다. 여름이는 신이 나서 봄이에게 전화로 이 사실을 알렸습니다. 봄이의 목소리도 무척이나 들떠 있었습니다.

주말이라서인지 도로는 시내를 빠져나가는 차들로 빽빽했습니다. 봄이와 여름이가 탄 차도 서울을 빠져나갈 때까지 거북이처럼 느릿느릿 기어갔습니다. 서울을 빠져나간 뒤에야 차는 제 속력을 내면서 씽씽 시원스럽게 달려갔습니다.

"아빠, 서울엔 차가 정말 많은가 봐요."

여름이가 창문으로 들어오는 시원한 바람을 쐬며 말했습니다.

"그래서 서울의 대기오염이 심각한 거란다. 차들이 뿜어내는 가스 때문에 공기가 더렵혀져 있거든."

여름이 아빠가 걱정스런 얼굴로 말씀하였습니다.

저수지에는 많은 사람들이 낚싯대를 드리우고 앉아 있었습니다. 봄이네 아빠와 여름이네 아빠도 자리를 잡

고 앉아 낚싯대를 드리웠습니다.

“아빠, 큰 잉어 잡으면 저한테 주셔야 해요.”

여름이가 초롱초롱한 눈으로 낚싯대 가까이 다가앉으며 말했습니다.

“잉어 가지고 어떻게 할 건데?”

“집에서 키울 거예요.”

여름이의 말에 봄이도 아빠에게 잉어를 잡아 달라고 조르기 시작했습니다. 봄이네 아빠와 여름이네 아빠는 허허 웃고만 계셨습니다.

시간이 점점 흐르자 봄이와 여름이는 가만히 앉아서 고기가 물리기만을 기다리는 일이 지루해지기 시작했습니다. 여름이는 자꾸만 하품이 나왔습니다. 봄이도 여름이에게 전염되었는지 손으로 입을 탁탁 치며 눈을 깜박였습니다.

“봄이야, 우리 저수지 돌아보고 올래?”

졸린 듯이 흐려져 있던 봄이의 눈이 반짝 빛났습니다. 봄이는 얼른 일어서서 툭툭 엉덩이를 털었습니다.

여름이와 봄이는 저수지를 돌아다녔습니다. 저수지에는 많은 쓰레기들이 버려져 있었습니다. 깨진 병이나 비닐들이 이곳 저곳에 널려 있었습니다.

"잘못하다간 물고기들이 먹을 것 같아."

봄이가 물가 쪽에 있는 비닐 조각을 주워 들며 말했습니다. 비닐은 흙에 절어 더렵혀져 있었습니다. 봄이와 여름이의 얼굴이 찡그려졌습니다.

"너무 지저분하다. 그치? 물 속에도 이런 것들이 들어 있을까?"

"그럴 것 같아. 이런 데서 물고기들이 어떻게 살지?"

저수지를 쳐다보던 봄이가 먼저 물가 쪽에 있는 쓰레기를 주웠습니다. 여름이도 봄이를 따라 쓰레기를 주워 나갔습니다. 그리고는 주운 비닐봉지 속에 쓰레기들을 넣었습니다. 축축하게 젖은 쓰레기를 만지는 게 꺼림칙하기도 했지만 깨끗해져 가는 자리를 보자 기분이 좋았습니다.

알아봅시다

여러분이 살고 있는 거리를 둘러보세요.

학교에서 집으로 오는 길, 우리가 무심코 지나쳐 버리는 곳에 플라스틱이나 비닐, 유리병 같은 쓰레기가 함부로 버려져 있지는 않나요.

우리가 생활하면서 사용하는 물건들 중에는 플라스틱이나 비닐로 만든 물건이 많습니다. 플라스틱과 비닐은 쓸 때는 편리하지만 쓰고 난 뒤의 처리 문제는 아주 심각합니다. 땅 속에서 잘 분해가 되지 않기 때문에 땅을 병들게 하는 원인이 되지요.

플라스틱이나 비닐을 그냥 땅에 버리는 일은 지구의 수명을 줄이는 일입니다. 유리병이나 종이가 아닌 다른 종류의 쓰레기들도 마찬가지이지요.

거리를 지날 때마다 보게 되는 쓰레기들이 지구의 몸을 조금씩 썩게 만들고 있다고 생각해 보세요. 지구의 몸은 우리의 몸이나 마찬가지입니다. 우리의 몸이 썩어 가는 모습을 그냥 보고만 있을 수는 없겠지요.

지금 버려진 쓰레기를 줍는 일은 지구의 몸 한 부분을 살리는 일입니다. 특히 산이나 강가에 있는 쓰레기를 줍는 일은 동물들의 생명을 살리는 일도 되지요.

동물들은 반쯤 열려져 있는 깡통에 입을 댔다가 혀를 다치기도 합니다. 담배꽁초나 플라스틱, 스티로폴 등을 먹고 탈이 나기도 하지요. 다람쥐처럼 작은 동물이 음식 찌꺼기를 먹으려고 플라스틱 통 속에 머리를 넣었다가 빼지 못하고 그대로 죽고 마는 경우도 있습니다.

버려진 쓰레기를 줍는 일은 지구를 살리면서 동물들의 생명도 구할 수 있는 환경보호의 길잡이입니다.

음식은 먹을 만큼만 덜어요

여름이 엄마는 얼굴 가득 커다란 웃음을 머금고 여름이 방으로 들어오셨습니다.

"여름아, 이번 토요일에 어디 가기로 했는지 아니?"

"어디 가기로 했는데요?"

여름이는 잔뜩 기대를 품고 엄마의 말을 기다렸습니다.

"요 앞에 새로 생긴 부페 식당에 가기로 했단다. 봄이네랑 함께 말이야."

여름이는 부페라는 말에 '야호!' 하고 소리쳤습니다. 음식을 마음대로 먹을 수 있는 부페를 봄이네랑 함께

간다는 사실이 여름이를 더 신나게 했습니다.

토요일이 되자 여름이는 봄이와 함께 수업이 끝나자마자 집으로 달려왔습니다. 여름이네 집에는 벌써 봄이네 엄마가 와 계셨습니다.

"엄마, 빨리 가요."

여름이는 엄마를 재촉했습니다.

부페 안은 벌써부터 많은 사람들로 붐볐습니다. 음식을 덜기 위해 사람들이 쭈욱 늘어서 있었습니다. 여름이는 음식을 보자 입 안에 사르르 침이 감돌았습니다.

"우와, 저 산더미 같은 음식. 저걸 내 맘대로 먹어도 된단 말이지."

여름이는 접시를 집어들자마자 얼른 달려가 줄을 섰습니다. 여름이네 엄마가 바로 그 뒤를 따랐습니다.

"여름아, 많이 먹어라."

"헤, 엄마도 많이 드세요."

여름이는 먹는데 만큼은 자신이 있었습니다. 그건 아무래도 식성이 좋으신 엄마를 닮아서인 것 같습니다.

여름이는 눈에 보이는 음식들을 가리지 않고 접시에 가득 담았습니다. 여름이 엄마의 접시도 금세 가득 차

올랐습니다.

"맛있는 건 다 뒤에 있는데 벌써 접시가 가득 찼네?"

여름이 엄마는 음식이 높이 쌓인 접시를 보며 안타까워하셨습니다. 여름이도 아쉬운 눈으로 아직 담지 못한 음식들을 쳐다보았습니다.

"조금씩 가져다가 드시지 그러세요? 한꺼번에 많이 갖다 드시면 다 드시지도 못할 텐데."

봄이 엄마가 여름이 엄마의 접시를 걱정스런 눈빛으로 바라보셨습니다. 그러자 여름이 엄마는 호호 웃으며 너스레를 떨었습니다.

"아, 이 정도야 거뜬하죠, 뭐. 우리 여름이도 이 정도는 먹어요."

"그래도 아직 맛있는 음식도 많이 남았는데……."

봄이 엄마는 여전히 걱정스러운 눈치였습니다. 봄이와 봄이 엄마의 접시 위에는 딱 알맞은 음식의 양이 다소곳이 담겨 있었습니다.

"에게, 겨우 이만큼만 먹을 거야?"

"먹고 또 갖다 먹을 거야."

여름이가 봄이의 접시를 보고 얼굴을 찡그리자 봄이는 방긋 웃으며 말했습니다. 여름이는 한 그릇 가득 담긴 음식을 금세 먹어 치웠습니다. 봄이는 음식을 먹고 있다 '벌써?' 라고 묻는 듯한 놀란 눈으로 여름이를 쳐다보았습니다. 여름이는 헤헤 웃으며 접시를 들고 의자에서 일어났습니다.

자리로 다시 돌아온 여름이의 접시에는 다시 가득 음식이 담겨져 있었습니다. 여름이 엄마는 벌써 음식을 다시 가져다 먹고 계셨습니다.

"휴우, 배부르다."

음식을 반 정도 비운 여름이는 볼록 나온 배를 두드리며 숨을 내쉬었습니다. 더 이상은 먹지 못할 것 같았습니다.

"엄마, 제것 좀 드셔 주세요. 이제 못 먹겠어요."

여름이는 엄마에게 자신의 음식 접시를 내밀었습니다. 여름이 엄마는 이마를 찡그리며 고개를 저으셨습니다.

"나도 이제 더는 못 먹겠다. 이것도 남길 것 같은데."

여름이 엄마의 접시에도 음식이 반쯤 남아 있었습니다. 여름이와 여름이 엄마는 서로 가쁜 숨을 몰아쉬었습니다. 여름이는 숨을 쉴 때마다 배가 살살 아파왔습니다. 아무래도 너무 많은 양의 음식을 먹은 것 같았습니다.

"어떡하지? 음식이 아직도 많이 남았는데."

여름이는 접시를 보며 입술을 내밀었습니다.

"그것 봐, 내가 조금씩만 덜라고 했잖아. 괜히 욕심만 부려가지구."

봄이가 옆에서 핀잔을 주었습니다.

"아휴, 그러게 말이다. 다 먹을 수 있을 것 같았는데, 아까운 음식만 버리겠네."

여름이네 엄마도 무안한 듯한 웃음을 지으며 접시를 쳐다보았습니다.

"다음부턴 딱 먹을 양만 갖다 먹어야겠구나. 음식 가지고 욕심 부릴 일이 아니라니깐."

여름이 엄마의 말에 봄이와 봄이 엄마는 서로 마주보며 슬쩍 웃음을 지었습니다. 여름이도 덩달아 따라 웃으며 엄마에게 말했습니다.

"저도 다음부턴 욕심대로 담지 않을 거예요."

알아봅시다

음식을 먹다 남기는 일을 미덕처럼 생각하던 때가 있었습니다. 그 때는 생활이 매우 어려워서 웃어른이 아래 어린 사람들을 생각해서 음식을 남겼던 것이지요. 음식을 남겨야 한다라고 생각하는 건 분명 잘못된 생각이지요.

게다가 버려진 음식은 환경을 파괴하는 원인이 되기도 합니다.

우리 나라에서 한 해 동안에 버려지는 음식의 양은 전체 음식의 30퍼센트나 된다고 합니다. 이 양을 돈으로 계산하면 7조 원이나 되지요.

요즘은 먹을 음식이 풍부해져서 음식을 먹고 싶은 만큼 먹을 수 있게 되었습니다. 그래서인지 음식을 지나치게 많이 장만하여 차려 놓는 경우가 많이 있습니다. 결국엔 다 먹을 수 없게 되어 남은 음식은 모두 버리고 말지요.

음식이 특히 많이 버려지는 곳은 식당이지요. 식당에

서는 우리가 다 먹지 못하고 남기는 음식은 쓰레기로 고스란히 버리게 됩니다.

어른들이 하시는 말 중에 이런 말이 있습니다.

'음식을 버리면 천벌을 받는다.'

우리의 조상들은 음식을 버리면 하늘로부터 벌을 받는다라고 생각할 만큼 음식 버리기를 멀리 했습니다.

음식은 자신이 먹을 만큼만 적당하게 덜어 먹는 것이 건강에도 좋고 환경오염도 방지할 수 있어 좋습니다.

일회용 물건을 쓰지 말아요

오늘은 봄이네 가족과 여름이네 가족이 함께 단풍구경을 가기로 한 날입니다.

잠꾸러기 여름이도 오늘 아침만은 잠자리에서 일찍 일어났습니다. 어젯밤 내내 가슴이 부풀어서 잠도 설친 여름이는 아침에 엄마가 부르자마자 반짝 눈을 떴습니다.

"어머, 아침에 눈 뜰 때마다 엄마하고 씨름하던 애가 웬일이니?"

여름이 엄마는 후닥닥 자리에서 일어나는 여름이를 보고 별일이라는 듯 호호 웃으셨습니다.

산으로 들어서는 길에는 많은 차들이 늘어서 있었습니다. 주말을 맞아 단풍구경을 나온 사람들이 무척이나 많은 것 같았습니다.

"아빠, 우리 산꼭대기까지 올라갔다 와요."

여름이는 엉덩이를 일으키고 운전석에 앉아 계시는 아빠에게 들뜬 목소리로 말했습니다.

"여름이, 산을 잘 타나 보구나?"

봄이 아빠의 말에 여름이는 머리를 긁적이며 헤헤 웃었습니다. 여름이는 산꼭대기까지 올라가 본 적이 한번도 없었습니다. 엄마랑 아빠와 함께 올랐다가도 항상 중턱쯤에서 엄마와 함께 그냥 머물러 버리고 말았던 것입니다. 그래서 정상까지 올라갔다 오는 건 항상 아빠 혼자였습니다.

산에는 단풍이 붉게 물들어 있었습니다. 봄이와 여름이는 그 아름다운 광경에 우와, 하고 탄성을 터뜨렸습니다.

"산이 꼭 활활 불타는 것 같아."

봄이가 눈을 반짝반짝 빛내며 말했습니다. 여름이네 엄마, 아빠와 봄이네 엄마, 아빠도 눈앞에 보이는, 무리

지어 있는 단풍의 모습을 감탄의 눈으로 바라보았습니다.

등산로에도 벌써 많은 사람들이 삼삼오오 짝을 지어서 산을 오르고 있었습니다. 가까이서 바라본 단풍나무는 멀리서 볼 때보다도 더 고왔습니다. 이파리가 마치 아기의 손 모양 같기도 했습니다.

한참 오르자 여름이와 봄이의 이마에서 땀이 송글송글 맺혔습니다.

"아, 덥다. 엄마, 조그만 쉬었다 가요."

여름이와 봄이가 길가에 있는 바위에 털썩 주저앉으며 말했습니다. 봄이네 엄마가 배낭에서 얼린 보리차가 들어있는 물통을 꺼내 컵에 따라 여름이와 봄이에게 주셨습니다. 그 컵은 일회용 컵이 아니라 여름이가 봄이네 식탁에서 본 적이 있는 컵이었습니다.

"헤, 꼭 집에서 물을 먹는 것 같아요. 음료수보다도 더 맛있는데요."

여름이가 벙긋 웃으며 봄이네 엄마에게 물통을 건네드렸습니다.

"산이나 들에 놀러갈 땐 음료수보다 얼린 보리차가 훨

씬 좋단다."

봄이네 엄마의 말에 여름이 엄마가 머쓱한 웃음을 지으셨습니다.

"봄이네 엄마 말 듣고 보니까 정말 그렇네. 난 괜히 음료수를 사 왔나봐요. 보리차를 얼려 올 걸 말이에요."

산 중턱쯤 올라갔을 무렵에는 벌써 점심 먹을 시간이 되어 있었습니다.

"봄이야, 너 지금 내 배에서 나는 소리 못 들었니?"

"무슨 소리가 났는데?"

봄이가 여름이의 배를 쳐다보며 눈을 동그랗게 떴습니다.

"꼬르륵 소리가 났잖아. 우리 여기서 밥 먹었음 좋겠다, 그치?"

"피, 그말 하려고 물어본 거야?"

봄이가 핀잔을 주었습니다. 봄이네와 여름이네는 산 중턱에 있는 공터에서 점심을 먹기로 했습니다.

봄이네 엄마는 집에서 정성껏 만든 김밥을 동그란 찬합에 담아 오셨습니다. 봄이 엄마가 가져오신 젓가락과 그릇들은 모두 집에서 쓰던 것들이었습니다. 한 번 쓰

고 버리는 나무 젓가락이나 종이컵, 은박지 접시는 하나도 눈에 띄지 않았습니다. 그걸 본 여름이네 엄마는 호호 웃으시며 나무 젓가락을 내밀었습니다.

"봄이네 엄마도 참, 이런 데까지 집에서 쓰던 걸 가져왔어요? 값도 얼마 안 하는데 차라리 나무 젓가락을 사 오는 게 낫지. 자, 이걸로 써요."

그러나 봄이 엄마는 방긋 웃으며 고개를 저었습니다.

"일부러 집에서 쓰던 걸 가져온 거예요. 한 번 쓰고 버리는 건데 아깝기도 하고 괜히 쓰레기만 늘잖아요. 좀 불편하더라도 집에 있는 걸 가져오는 게 더 나을 것 같더라구요."

"많이 쓰는 것도 아니고 어쩌다 한 번 쓰는 건데 그래요? 하긴 쓰레기로 버려지는 게 좀 걸리긴 하네요."

여름이네 엄마는 내밀었던 나무 젓가락을 슬그머니 다시 집어 넣었습니다. 그 모습을 보고 있던 봄이네 엄마가 집에서 가져온 젓가락을 여름이네 가족들에게 나누어주었습니다.

"오늘 단풍구경 왔다가 환경공부까지 하고 가네?"

여름이네 엄마의 말에 식구들은 서로 마주보며 하하호호 웃었습니다. 여름이네 엄마도 쑥스러움이 사라진 얼굴로 덩달아 웃음을 터뜨렸습니다.

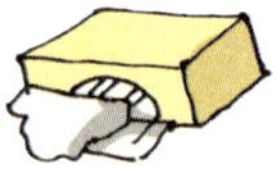

알아봅시다

일회용품은 말 그대로 한 번 쓰고 버리는 물건입니다.

쓸 때는 편하지만 한 번 쓰고 버리는 물건을 쓴다는 건 너무 아깝지 않나요? 게다가 버려진 일회용품들로 인해 쓰레기가 산더미처럼 쌓여 가고 있는 상황입니다.

일회용품을 만들어 내기 위해서는 지구의 많은 자원이 소모됩니다. 일회용품을 많이 쓰면 쓸수록 지구의 자원도 함부로 탕진되어 버리는 것이지요.

그렇다면 일회용품에는 어떤 것들이 있을까요?

나무 젓가락, 종이컵, 샴푸, 린스, 랩, 호일, 은박지 접시, 종이 기저귀, 종이 물수건, 나이프, 포크 등이 있지요.

이 중에서 아기들이 쓰는 일회용 종이 기저귀에 대해서 알아볼까요?

갓난아기 한 명을 일회용 기저귀로만 키웠을 경우 여기에 드는 기저귀의 갯수는 무려 6천 장이나 됩니다.

‘만약 일년 동안에 태어나는 아기의 숫자가 50만 명이라고 하면 여기에 필요한 기저귀의 갯수는 30억 장입니다. 30억 장의 기저귀를 만들려면 350만 그루의 나무가 필요합니다. 정말 엄청난 숫자이지요.'

종이 기저귀에 붙어 있는 접착테이프는 분해 되어서 땅의 흙과 섞이는 데 걸리는 시간이 자그마치 500년이나 된답니다.

그러나 종이 기저귀 대신 헝겊 기저귀를 사용하게 되면 이런 걱정은 안 해도 됩니다. 헝겊 기저귀 한 장은 100번 정도를 사용할 수 있기 때문이지요.

일회용품은 우리가 생각하듯이 간편한 물건만은 아닙니다. 우리가 생각하는 간편함의 몇 배로 환경을 오염시키고 있지요.

환경 오염과 자원 낭비를 막기 위해서는 일회용품의 사용을 대폭적으로 줄여 나가야만 합니다.

전기를 아껴쓰자
Z

냉장고 문을 자주 열지 말아요

여름이는 집에 도착하자마자 냉장고 문부터 열었습니다. 쨍쨍 내리쬐던 햇빛이 몸에 있는 수분을 모두 땀으로 빼앗아 버린 것 같았습니다.

"헥헥, 목 말라라."

여름이는 냉장고 안에 들어 있는 시원한 물을 냉장고 문을 열어 놓은 채로 들이마셨습니다. 물이 입 안을 시원하게 적셔 주었습니다.

"아, 시원하다."

여름이는 물통을 다시 집어넣고 냉장고 문을 닫으려 했습니다. 그 때 반으로 갈라져 있는 수박이 여름이의 눈에 띄었습니다. 빨갛게 속이 익은 먹음직스러워 보이는 수박이었습니다.

"와아, 수박이다."

여름이는 양 팔을 내밀어 냉장고 안에서 수박을 꺼냈습니다. 그 때 밖에 나가셨던 엄마가 들어오셨습니다.

"엄마, 다녀왔습니다. 저 수박 먹어도 되죠?"

"그래, 하지만 아빠 것도 남기고 먹어야 돼."

엄마는 수박을 큼지막하게 썰어 여름이에게 건네주고 나머지는 냉장고 속에 넣으셨습니다. 여름이는 차가운 수박을 한입 가득 베어먹었습니다. 빨간 속처럼 맛도 달콤했습니다. 여름이는 세 조각의 수박을 눈 깜짝할 사이에 먹어 치우고 말았습니다.

숙제를 하던 여름이는 방금 전 먹었던 수박의 맛이 자꾸 떠올랐습니다. 딱 한 조각만 더 먹고 싶었습니다.

'하지만 그건 아빠 건데…… 에이, 조금만 먹지 뭐.'

여름이는 연필을 놓고 부엌으로 가서 냉장고 문을 열었습니다. 그리고는 냉장고 문을 열어 둔 채로 수박을 잘라낸 뒤 제자리에 놓았습니다.

"여름아, 아빠 수박 꺼내 먹는구나?"

등뒤에서 들리는 엄마의 목소리에 여름이는 돌아서서 헤헤 웃으며 뒤통수를 긁었습니다.

“너무 맛있어서요. 하지만 조금밖에 안 잘라냈어요.”

“알았으니까 어서 냉장고 문 닫아. 냉장고 문 열 때마다 얼마나 많은 전기가 빠져나가는데. 자꾸 열었다 닫았다 하면 그만큼 전기가 드는 거야.”

여름이는 얼른 냉장고 문을 닫고 잘라낸 수박을 맛있게 먹었습니다. 하지만 너무 조금 잘라내서인지 오히려 먹기 전 보다도 더 수박 생각이 간절해졌습니다.

‘어쩌지? 조금만 더 먹을까? 하지만 아빠 건데.’

여름이는 냉장고 문을 열었다가 다시 닫았습니다. 하지만 침이 꿀꺽 고여 오는 건 어쩔 수 없었습니다.

‘이제 마지막이야. 정말 조금만 먹고 그만 먹어야지.’

여름이는 마음을 굳게 먹고 냉장고 문을 열었습니다. 그리고는 수박을 꺼내려던 순간이었습니다. 수박을 잡으려던 여름이의 손이 그 옆에 있던 반찬 그릇이 담긴 통을 건드리는 바람에 반찬 그릇이 와르르 냉장고 밖으로 쏟아지고 말았습니다.

“무슨 소리니?”

안방에 계시던 엄마가 그 소리에 놀라 부엌으로 나오셨습니다.

"냉장고 문을 열다가……."

여름이는 중얼거리며 말끝을 흐렸습니다.

"또 열었어? 수박 꺼내려다 그랬구나. 어휴, 차라리 한꺼번에 먹을 만큼 꺼내서 먹지. 그랬으면 음식도 흘리지 않았을 거 아니니."

엄마는 흘려진 음식을 치우시며 꾸짖듯 말하셨습니다. 여름이는 괜시리 냉장고 문을 열었다 닫았다 했던 일이 후회스러워졌습니다.

알아봅시다

대부분의 가정에는 냉장고를 하나씩은 가지고 있습니다. 그리고 그 냉장고를 일 년 내내 켜 두고 있지요.

냉장고가 소비하는 에너지는 다른 전기 제품에 비해 그 소비량이 높습니다. 특히 냉장고 문을 열 때의 전기 소비량은 더욱 높습니다.

냉장고 문을 열면 그 안에 있던 찬 공기가 밖으로 나오고 대신 밖의 더운 공기가 안으로 들어가게 됩니다. 그러면 냉장고 안을 다시 차게 만들기 위해서 원래의 전기보다 더 많은 전기가 사용되는 것입니다.

한 가정에서 하루에 냉장고의 문을 여는 횟수는 평균 22번 이상입니다. 일 년 동안에 8000번 이상의 문을 여는 셈이 되지요. 즉, 일 년 동안 냉장고 문을 열음으로써 사용되는 에너지의 양은 엄청나지요.

이 냉장고의 에너지 양을 줄이기 위해서는 냉장고의 문을 자주 열지 말아야 합니다.

우리는 가끔 냉장고에서 무언가를 꺼내려고 마음 먹

었다가 막상 냉장고를 열면 잊어버리는 경우가 있지요. 그럴 때는 냉장고 문을 연 채로 한참을 그 안을 들여다 보곤 합니다.

냉장고를 열기 전에는 먼저 내가 지금 무엇이 필요한가, 그 음식은 어느 쪽에 있는가를 생각하세요. 그것을 결정 내리고 난 뒤 냉장고 문을 열면 냉장고 문을 열어 놓고 있는 시간이 훨씬 줄어들 것입니다.

냉장고 속에 들어 있는 음식의 양도 전기와 밀접한 관계가 있습니다. 더운 음식은 식혀서 넣는 것이 좋고, 음식은 가득 채우는 것보다 60퍼센트 정도만 채우는 것이 좋습니다. 음식이 가득 들어 있으면 냉장고 안의 찬 공기가 잘 이동을 하지 못하게 되어 경제적이지 못하거든요.

냉장고의 문을 자주 열지 않는 작은 노력이 에너지를 아끼는 데 큰 힘이 됩니다.

사용하지 않는 전깃불은 꺼요

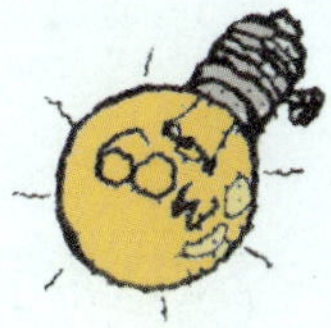

"여름아, 오늘 우리집 가서 놀자."

봄이가 여름이의 옆으로 바짝 붙어 서며 말했습니다. 봄이의 말투에는 꼭 같이 가 주었으면 좋겠다는 생각이 담겨져 있었습니다.

"왜? 나 오늘 집에 빨리 가야 돼."

여름이는 일부러 능청스럽게 말했습니다. 봄이는 시무룩한 얼굴을 하고 있다가 다시 여름이를 쳐다보았습니다.

"꼭 빨리 가야 돼?"

"응."

여름이는 고개를 끄덕였습니다. 봄이가 시무룩해져 있는 모습을 보는 게 조금은 재미있기도 했습니다.

"그럼 너희 집에 들렀다가 다시 우리집으로 가면 되잖아."

"글쎄, 왜 그러는데?"

여름이는 짐짓 딴청을 부리다가 궁금증을 참지 못하고 물었습니다. 그러자 봄이는 뾰로통해져서 말했습니다.

"사실은 오늘 우리 엄마가 이모네 집에 가셨거든. 그래서 늦게 오신다고 그러셨단 말야. 아빠가 오실 때까지 나 혼자 집을 지키려면 너무 무섭잖아."

봄이의 목소리는 금세라도 울먹일 것 같은 목소리로 바뀌었습니다. 그러자 여름이의 마음도 울적해졌습니다. 조금 전의 재미있던 마음은 봄이의 목소리를 들으면서 싸악 달아나버리고 말았습니다.

"그래, 그럼 내가 같이 있어 줄까?"

여름이의 말에 봄이의 얼굴이 환하게 펴졌습니다. 봄이는 고개를 끄덕이며 방긋 웃었습니다.

여름이는 집에 들려 엄마에게 말씀을 드리고 난 후 봄

이네 집으로 갔습니다. 봄이네 집에서의 시간은 금세 지나갔습니다. 어느 새 밖이 어둑해지고 있었습니다.

"어두워지니까 무섭다. 여름아, 너도 그렇지?"

봄이가 만화책을 보고 있는 여름이를 슬쩍 쳐다보며 물었습니다. 여름이는 여전히 눈길을 만화책에 향한 채 고개를 저었습니다.

"정말 안 무서워?"

"응, 안 무서워."

그래도 봄이는 불안한 눈치였습니다. 봄이는 얼른 일어나서 방의 전깃불을 켰습니다. 그리고는 방문을 열고 나가 거실에 있는 전깃불과 작은방에 있는 전깃불을 모두 켜기 시작했습니다.

"봄이야, 뭐 해?"

여름이가 고개를 내밀고 봄이를 불렀습니다. 봄이는 불을 다 켜고 나자 안심한 듯한 얼굴이 되어 다시 여름이가 있는 방으로 돌아왔습니다.

"무서워서 불을 모두 켜 놓은 거야. 이제 괜찮아."

여름이는 불이 환하게 켜진 거실과 작은 방을 건너다 보았습니다. 그리고는 심각한 얼굴로 봄이에게 물었습니다.

"봄이야, 너 전깃불 귀신 얘기 모르지?"

"전깃불 귀신?"

봄이는 겁먹은 듯 물었습니다. 그리고는 고개를 설레설레 저었습니다.

"이건 우리 선생님이 해 주신 얘기야. 전깃불 귀신이라는 유령이 있는데 말이야. 이 유령은 사람은 없는데 불이 켜진 방들만 옮겨 다니며 산대. 어쩜 저 작은방에도 전깃불 귀신이 들어 있을지 몰라."

봄이는 무서운 마음에 작은방 쪽을 힐끔 쳐다보며 여름이의 옆으로 바짝 다가앉았습니다.

"그러니까 아무도 없는 방에는 전깃불을 켜 놓고 있으면 안 된대. 전깃불 귀신이 들어올지도 모르니까 말이야."

"그럼 작은방 전깃불은 꺼야 되겠네?"

봄이가 숨죽인 목소리로 묻자 여름이는 고개를 끄덕였습니다.

"하지만 난 무서워서 못 끄고 오겠어."

봄이는 부탁하는 눈으로 여름이를 쳐다보았습니다. 여름이는 침을 꿀꺽 삼키고는 고개를 끄덕였습니다. 그리고 후닥닥 작은방으로 건너가서 얼른 전깃불을 내리고 다시 봄이가 있는 곳으로 달려왔습니다.

"아무것도 못 봤어?"

봄이가 눈을 동그랗게 뜨고 물었습니다.

"응, 내가 둘러봤는데 아무것도 없었어. 불을 켜 놓은 지 얼마 안 되서 아직 안 왔나 봐."

여름이는 자신만만한 웃음을 지으며 가슴을 쭈욱 폈습니다. 봄이도 휴우 숨을 내쉬며 여름이를 보고 웃었습니다. 전깃불 귀신보다는 조금 깜깜한 게 덜 무서울 것 같았습니다.

알아봅시다

만약 전기가 없다면 우리는 하루도 견디기가 힘들 것입니다.

전화기, 텔레비전, 전깃불 등 전기를 통해서 우리에게 도움을 주는 생활용품들은 아주 많지요. 전기를 만들어 내기 위해서는 매우 많은 에너지가 필요합니다.

우리가 집에서 보통 쓰는 60와트짜리 전구를 매일 3시간씩 일 년 동안 꾸준히 켜 놓기 위해서는 발전소에서 200킬로그램의 석탄이 필요합니다. 또한 이 때 나오는 아황산가스의 문제도 심각하지요. 아황산가스는 지구가 점점 더워지는 온실 효과를 부추깁니다. 200킬로그램의 석탄을 땠을 경우 180킬로그램의 아황산가스가 나오게 됩니다. 정말 심각한 일이지요.

그러나 이렇게 할 수도 있습니다. 불빛이 아주 환하지 않아도 되는 곳에는 60와트짜리 백열등을 20와트짜리로 바꿀 수 있습니다.

하나의 전구가 사용하는 에너지 중에서 실제 빛으로

변하는 에너지는 겨우 10분의 1에 불과합니다. 나머지는 모두 빛이 아닌 열로 변해서 날아가 버리지요. 전구알이 뜨거워지는 것은 바로 그 때문이지요.

지구의 자원인 에너지를 아끼기 위해서는 사용하지 않는 전깃불을 꺼야 합니다. 그리고 밝은 햇빛이 있을 때는 그 햇빛을 이용해서 책을 읽거나 다른 일을 하면 에너지를 절약할 수가 있습니다.

푸른 지구를 만들자

푸른 채소를 심어요

"봄이야, 봄이야!"

여름이는 마당가에 서서 봄이를 불렀습니다. 그러나 봄이의 목소리는 엉뚱한 곳에서 흘러나왔습니다.

"여름아, 나 여기 있어."

봄이의 목소리가 들리는 곳은 마당 한켠에 있는 봄이네 텃밭이었습니다. 여름이는 그 곳으로 달려갔습니다.

"여기서 뭐 해?"

"응, 엄마랑 채소 심는 거야."

봄이는 몸을 일으키며 여름이를 보고 방긋 웃어보였습니다. 봄이의 손에는 흙이 묻어 있었습니다. 봄이네 엄마도 뒤를 돌아보며 여름이를 향해 웃으셨습니다.

"여름아, 너도 우리 엄마랑 나랑 같이 채소 심지 않을래?"

봄이가 여름이를 텃밭 안으로 잡아끌었습니다. 텃밭의 빈 공간의 흙이 파헤쳐져 있었습니다. 그 곳에 채소 씨앗을 심는 모양이었습니다.

"무슨 채소 씨앗을 심는 거예요?"

"응, 호박도 좀 심고 상추도 더 심을 거란다. 식구들이 상추를 좋아하거든. 집에서 키운 상추는 가게에서 파는 상추와 비할 바가 아니지."

봄이네 엄마가 씨앗을 땅 속에 넣고 누르면서 말씀하셨습니다. 봄이는 엄마에게 씨앗을 건네 주고 있었습니다.

"여름이 우리집에서 점심 먹고 가자. 씨앗만 심고 나면 금방 점심 식사할 거야. 텃밭에 있는 상추랑 고추 따서 밥 차려 줄게."

"전 고추는 매워서 못 먹어요."

여름이가 얼굴을 찡그리며 말했습니다.

"고추를 못 먹어? 고추가 얼마나 좋은 채소인데. 아줌마가 안 매운 걸로 골라서 따 줄게."

"그래, 우리 밭에서 난 고추는 별로 안 매워. 나도 얼마나 잘 먹는데."

"와아, 봄이 너도 고추를 먹어?"

여름이가 놀란 얼굴로 묻자 봄이는 고개를 끄덕였습니다. 봄이네 텃밭의 파란 고추 색만큼이나 풋풋해 보이는 웃음이었습니다. 여름이는 갑자기 봄이가 무척이나 예쁘다고 생각했습니다.

“그래, 그럼 먹을게.”

여름이도 봄이를 따라 활짝 웃었습니다. 호박과 채소 씨앗을 다 심은 봄이네 엄마는 손을 툭툭 털며 집으로 들어가 점심 식사 준비를 하셨습니다. 여름이와 봄이는 그동안에 씨앗을 심은 자리에 물을 주었습니다. 이곳에서 채소가 쑥쑥 자라날 거라고 생각하니 마음이 부풀어 올랐습니다.

“여름아, 봄이야! 들어와서 밥 먹어라.”

엄마의 목소리에 봄이와 여름이는 집 안으로 후다닥 달려들어갔습니다. 식탁 위에는 싱싱한 상추와 풋풋한 고추가 놓여 있었습니다. 이제 막 씻어서인지 물방울이 대롱대롱 매달려 있는 모습이 먹음직스러웠습니다. 그리고 그 옆에는 구수한 냄새를 풍기는 된장이 종지에 담겨 있었습니다.

“잘 먹겠습니다!”

봄이와 여름이는 인사를 하고 숟가락을 들었습니다. 봄이네 엄마가 먼저 상추에 밥을 싸서 그 위에 된장을

조금 올려놓으셨습니다. 그리고는 그 상추쌈을 여름이에게 내밀으셨습니다.

"자, 얼마나 맛이 좋은지 먹어 보렴."

여름이는 입을 크게 벌리고 한입에 상추쌈을 밀어넣었습니다. 상추와 구수한 된장맛이 입 안에 가득 퍼졌습니다.

"맛있어요. 된장쌈이 이렇게 맛있는지 몰랐어요."

여름이는 정말로 맛있다는 듯 오물거리던 상추쌈을 꿀꺽 삼키며 벙긋 웃어보였습니다. 그 모습을 보고 있던 봄이도 상추에 밥과 된장을 싸서 한입에 넣었습니다.

"아, 맛있다."

봄이도 방긋 웃으며 말했습니다. 여름이는 한 그릇을 어떻게 먹었는지 모르게 먹어버렸습니다. 먹지 못하던 고추도 두 개나 먹었습니다. 봄이네 엄마가 골라 준 고추는 별로 맵지가 않았습니다. 무조건 매울 거라고 생각했던 고추가 맵지 않자 여름이는 이제 고추를 먹을 자신이 생겼습니다.

"아줌마, 우리집에도 상추랑 고추 길러 먹었으면 좋겠어요."

여름이가 마지막 남은 밥 한 숟갈을 싹싹 긁으며 말했습니다.

"그래? 그럼 아줌마가 고추씨랑 상추씨 줄까? 여름이네 집에 심으라고 말이야."

"정말이요?"

여름이의 눈이 기쁨으로 동그래졌습니다.

"그럼 정말이구말구."

봄이네 엄마는 텃밭에 심고 남은 상추씨와 고추씨를 봉지에 덜어 여름이에게 주었습니다. 여름이는 양손으로 씨앗 봉지를 꼬옥 쥐어 보았습니다. 이 속에 들어 있는 씨앗에서 새싹이 자라 상추가 되고 고추가 열린다고 생각하니 봉지 속에 든 씨앗이 더없이 소중하게 여겨졌습니다.

알아봅시다

지구가 가장 필요로 하는 것은 무슨 색일까요?

그것은 바로 푸른색입니다. 푸른색을 잃어갈수록 지구는 병이 들게 되고, 푸른 색을 되찾을수록 지구는 건강하게 되지요.

식물은 사람과 동물에게 필요한 산소를 만들어 냅니다. 그리고 오염된 공기를 빨아 들여서 공기를 깨끗하게 해주지요. 산소가 풍부하고 공기가 깨끗할 때 지구는 건강해 질 수 있습니다.

공기를 맑게 해 주고 지구를 푸르게 해 주는 것은 나무와 같은 커다란 식물들만이 아닙니다. 작은 채소들도 큰 힘으로 제 역할을 톡톡히 하지요. 보기에는 보잘것없어 보이는 작은 채소들도 열심히 이산화탄소를 들이마시고 대신 깨끗하고 맑은 산소를 뿜어냅니다. 채소가 우리에게 미치는 영향은 아주 많습니다. 우선 우리에게 신선한 채소를 먹게 해서 영양분을 보충해 주고, 공기를 맑게 해주며, 지구를 푸르게도 합니다.

채소는 다른 식물들 보다 키우기가 훨씬 쉽습니다. 그리고 훨씬 잘 자라 주지요.

건강한 지구를 위해 우리가 할 수 있는 일에는 채소를 가꾸는 일이 빠질 수 없습니다. 채소는 어떻게 가꾸어야 할까요? 우선 채소를 심어야 하겠지요.

채소 씨앗은 마당이나 작은 텃밭에 심어도 되지만, 그게 안 된다면 2리터짜리 우유통이나 빈 깡통을 이용할 수 있습니다. 1리터 정도의 흙을 담을 수 있을 만한 통이면 됩니다. 단, 통 밑에 물이 빠지도록 구멍을 뚫는 일은 잊어서는 안 되겠지요.

씨앗을 심을 통에 흙을 채우고 나면 흙이 가라앉도록 물을 뿌립니다. 그리고 채소 씨앗을 2.5센티미터 정도의 간격으로 흙 위에 올려놓고 손가락으로 꼭꼭 눌러 심습니다. 씨앗이 심겨진 흙을 가볍게 두드리고 다시 물을 줍니다. 이제 씨앗 심기는 끝났습니다. 씨앗에서 나오는 채소를 가꿀 일만 남았지요.

매일매일 흙을 물로 적셔 주다 보면 싹이 나오게 됩니다. 그러면 채소가 심겨진 통을 햇볕이 잘 드는 곳에 옮겨 놓으세요. 싹이 6센티미터 가량 자라게 되면 튼튼한

싹 하나를 남겨 놓고 다른 싹은 모두 잘라내야 합니다.

튼튼한 싹을 잘 자라게 하기 위해서는 튼튼하지 못한 다른 새싹들은 잘라 주어야 하거든요.

1.5리터 펫트병에 식물을 길러요

"와아, 저거 봐, 빨간 선인장이야."

봄이는 여름이의 옷자락을 잡아당겼습니다. 봄이가 가리키는 곳에는 할머니 한 분이 작은 선인장들을 내어 놓고 팔고 계셨습니다.

"너 저렇게 작고 예쁜 선인장 봤니?"

봄이가 초롱한 눈을 내며 여름이를 쳐다보았습니다.

"아니. 색깔이 있는 선인장도 처음 봤어. 혹시 가짜 선인장 아닐까. 만든 거 말이야."

"아닐 거야. 우리 가서 직접 볼래?"

봄이의 말에 여름이는 봄이를 따라 선인장이 있는 쪽

으로 갔습니다. 빨간 선인장도 있고 파란 선인장도 있었습니다. 선인장들은 너무 작고 앙증맞아서 가시에 찔려도 하나도 아플 것 같지 않았습니다.

"할머니, 이거 진짜 선인장이에요?"

"그럼, 진짜구말구."

봄이의 말에 할머니는 고개를 주억거리며 말하셨습니다. 봄이는 손가락으로 살짝 선인장을 만져 보았습니다.

"앗, 따가워."

봄이가 얼른 손가락을 당기며 여름이에게 말했습니다.

"정말 진짜 선인장이야. 여름아, 이 선인장 꼭 가졌으면 좋겠지?"

한참을 망설이던 봄이와 여름이는 주머니에 들어 있던 일주일치 용돈을 몽땅 꺼내 선인장을 샀습니다.

"무럭무럭 자랄 때까지 열심히 키울거야."

"나도."

여름이와 봄이는 비닐에 싸인 선인장 뿌리를 조심스레 들고 집으로 돌아갔습니다.

여름이는 집에 돌아오자마자 엄마를 부르며 안방으로 달려들어갔습니다.

"엄마! 엄마! 얼른 나오셔서 이것 좀 보세요."

여름이는 눈을 동그랗게 뜨고 계시는 엄마에게 선인장을 보여 드렸습니다.

"학교 앞에서 샀어요. 예쁘죠? 빨리 화분에 심어야 돼요. 엄마, 빈 화분 있어요?"

여름이는 방문 밖으로 목을 빼 베란다 쪽을 둘러보았습니다. 그러나 빈 화분은 보이지 않았습니다.

"빈 화분이 없네. 엄마, 화분 사 주세요, 네?"

"그건 너무 작아서 화분에 심지 않아도 되겠다. 꼭 심고 싶으면 엄마가 조금 있다 시장 갔다 오면서 사 줄게."

"헤, 꼭 사다 주세요."

여름이의 입이 벙긋 벌어졌습니다. 여름이는 선인장을 조심스럽게 책상 위에 올려놓았습니다.

조금 후 봄이가 여름이네 집으로 찾아왔습니다. 봄이의 손에는 잘려진 1.5리터 펫트병이 들려 있었습니다.

"그게 뭐야?"

여름이가 고개를 삐죽 내밀자 봄이는 자랑스러운 듯이 펫트병을 내어 보였습니다. 그 안에는 봄이의 빨간 선인장이 심어져 있었습니다.

"우와, 선인장을 여기에 심었네?"

여름이는 신기한 눈으로 펫트병을 들고 이리저리 살펴보았습니다. 상표를 뗀 펫트병 주위에는 색종이도 붙어있었습니다.

"엄마가 거기에 심어 주셨어. 색종이는 저번에 숙제하다 남은 거로 붙인 거야. 예쁘지?"

여름이는 부러운 눈초리로 고개를 끄덕였습니다. 그리고는 부엌의 한켠에 있는 1.5리터 사이다 펫트병을 쳐다보았습니다.

"나도 저기다 심을까?"

"그래, 내가 도와 줄게. 우리 엄마가 심으시는 거 봤거든. 그냥 흙만 넣고 선인장 뿌리를 심으면 돼."

봄이는 펫트병을 가져다 칼로 조심스럽게 잘랐습니다. 그리고는 마당가에서 파낸 고운 흙을 펫트병 속에 넣고 거기에 선인장을 심었습니다. 여름이는 물을 떠다가 펫트병 속에 솔솔 뿌려 주었습니다. 그러자 멋있는 선인장 화분이 만들어졌습니다.

"와아, 다 만들어졌다!"

여름이가 선인장 화분을 들어올리며 외쳤습니다. 봄이도 흙이 묻은 손으로 빨간 선인장 화분을 살며시 들어보였습니다. 무척 가벼웠지만 봄이에게는 어떤 무거운 화분보다도 소중한 화분이었습니다.

알아봅시다

식물은 사람이나 동물들과는 다른 호흡운동을 합니다. 동물들은 산소를 들이마시고 이산화탄소를 내뿜습니다. 그러나 식물들은 동물에게 해로운 이산화탄소를 흡수하고 산소를 내뿜습니다.

그렇기 때문에 주위에 식물이나 나무를 많이 심고 가꾸는 일이 매우 중요한 일입니다.

그러나 식물은 밤과 낮의 호흡이 서로 다르다는 것도 알아두어야 하지요. 식물은 밤에는 낮과는 달리 호흡을 반대로 합니다. 즉, 산소를 들이마시고 이산화탄소를 내뿜는 거지요. 그래서 밤에는 식물을 실내로 들여 놓는 것이 좋지 않습니다.

왜냐 하면 우리가 산소를 마시며 자고 있는 실내에서 식물도 같이 산소를 들이마시니까요. 그리고 우리 몸에 해로운 이산화탄소를 뿜어 내기 때문이지요.

이산화탄소는 사람이나 동물에게서 뿐만이 아니라 자동차나 공장들에서도 뿜어져 나옵니다. 자동차의 휘발

유나 공장에서 때는 석탄에서 나오는 것이지요.

산업이 발달되면서 전세계에서 수백만 대의 자동차가 사용되고 수없는 공장이 들어섰습니다. 자동차와 공장이 만들어 내고 있는 이산화탄소의 양 역시 급격히 늘어나게 되었지요. 그러나 이 이산화탄소를 흡수해 줄 수 있는 식물들은 점차 사라지고 있습니다. 나무도 이미 수억 그루가 잘려져 나간 상태입니다.

흡수되지 못하고 공기를 되살리기 위해 우리는 식물을 심을 수 있습니다. 이 때 폐품을 활용하면서 식물을 심는다면 더욱 보람있는 일이 되겠지요.

우리는 주위에서 1.5리터 펫트병을 흔히 봅니다. 집안을 살펴보면 아마 두 세개 쯤은 쉽게 발견할 수 있을 것입니다. 이 1.5리터 펫트병을 버리지 말고 모아 두었다가 식물을 심는 데 쓸 수 있습니다.

윗부분을 잘라 내고 거기에다 작은 꽃이나 선인장과 같은 식물을 심는 거예요. 그리고 윗부분에 구멍을 뚫고 철사나 끈으로 묶어서 벽에 걸어 두세요. 그러면 정말 멋진 벽걸이 화분이 될 것입니다. 공기도 맑아지고 푸른 식물도 기를 수 있는 좋은 방법입니다.

곤충과 식물을 괴롭히지 말아요

들판은 황금빛 물결로 출렁거리고 있었습니다. 잘 익은 벼이삭들이 햇살을 받아 반짝반짝 빛났습니다.

"아빠, 저거 보세요. 꼭 황금색 융단을 깔아 놓은 것 같아요."

여름이는 창 밖으로 손을 내밀며 아빠에게 말했습니다.

"참 탐스럽지? 올해는 벼농사가 풍년일 것 같구나."

추석날이 되어 여름이와 여름이네 아빠는 시골에 있는 할아버지의 묘에 성묘를 드리러 가고 있었습니다. 해마다 추석이 되면 아빠와 함께 시골을 내려가곤 하지

만 그 때마다 고개를 숙이고 누렇게 익어 있는 황금논밭은 여름이에게 탄성을 자아내게 했습니다. 햇빛에 반짝일 때의 논밭은 마치 황금융단 같아서 한번쯤 그 위에 누워 보고 싶기도 했습니다.

"아빠가 어렸을 때는 이맘때쯤은 메뚜기를 잡으러 온 들판을 헤매고 다녔단다."

여름이네 아빠가 어렸을 적을 생각하시는지 빙긋 웃으며 말씀하셨습니다.

“아빠, 그러면 오늘 메뚜기를 잡을 수 있을까요?”

“잡을 수 있을 거야. 할아버지 산소가 있는 마을에서는 농약을 적게 쓰기 때문에 메뚜기들이 사라지지 않았거든.”

“와아, 신난다.”

여름이는 엉덩이를 들썩이며 외쳤습니다.

여름이와 아빠가 탄 차는 얼마 지나지 않아 할아버지의 산소가 있는 시골길로 접어들었습니다. 아빠의 말씀대로 산소 옆에 넓다란 들판이 펼쳐져 있었습니다. 여름이와 아빠는 차에서 내려 산소가 있는 낮은 산길을 따라 걸었습니다. 산길 옆에는 이름을 알지 못하는 작고 예쁜 풀꽃들이 피어 있었습니다.

"아빠, 이게 무슨 꽃이에요?"

"제비꽃이야. 보라색 이파리가 곱지?"

"봄이가 보면 좋아하겠다. 봄이한테 갖다 줘야지."

여름이는 제비꽃을 뚝 잘라서 조심스럽게 주머니 속에 넣었습니다. 아빠는 벌써 저만치에 앞서 걷고 계셨습니다. 여름이는 후닥닥 걸어서 아빠와 나란히 섰습니다.

성묘를 마친 여름이는 무덤 주위를 돌며 예쁜 꽃을 찾았습니다. 꽃을 받아들고 기뻐할 봄이의 모습을 생각하자 저절로 웃음이 나왔습니다.

"여름아, 멀리 가면 안 된다."

아빠가 묘에 돋아 있는 잡풀을 뽑으시며 여름이를 향해 말하셨습니다.

"네, 이 근처에서만 놀게요."

여름이는 풀꽃을 따며 큰 소리로 대답했습니다. 풀 사

이에 삐쭉 솟아 있던 흰꽃을 따려던 여름이는 풀 속에서 폴짝 뛰어오르는 것을 보았습니다.

"메뚜기다!"

그것은 메뚜기였습니다. 여름이는 풀밭을 이리저리 뒤적였습니다. 수풀 속에 숨어 있던 메뚜기들이 폴짝폴짝 뛰어 올랐습니다. 여름이는 손을 내밀어 그 중에서 한 마리를 잡았습니다. 그리고는 아빠가 계시는 산소로 가서 과일을 넣어 왔던 비닐 봉지 속에 메뚜기를 넣었습니다.

"여기도 있고 우와, 여기도 있네."

여름이는 신이 나서 풀밭을 돌아다니며 메뚜기를 잡아 봉지 안에 넣었습니다. 커다란 메뚜기도 있고 조그만 새끼 메뚜기도 있었습니다.

"헤헤, 학교에 가지고 가서 자랑해야지."

여름이는 메뚜기들이 뛰어오르느라 부시럭거리는 봉지를 꼭 쥐었습니다. 그 때 아빠가 벌초를 마치시고 여름이를 부르셨습니다.

여름이는 아빠를 따라 산을 내려왔습니다. 비닐 봉지에 들어 있는 메뚜기와 주머니 속에 들어 있는 꽃들을 생각하자 여름이의 가슴은 뿌듯해졌습니다. 반 친구들에게 자랑을 할 생각을 하니 가슴이 두근거리기도 했습니다.

집으로 돌아오는 차 안에서도 여름이의 입은 다물어지지 않았습니다. 여름이는 메뚜기가 뛰쳐나오지 못하도록 비닐 봉지의 입구를 꼬옥 쥐고 잠이 들었습니다.

한참을 달게 잔 여름이는 잠에서 깨어나자마자 비닐 봉지를 확인했습니다. 비닐 봉지는 다행히 손에 그대로 들려 있었습니다. 그런데 이상하게도 바스락거리던 봉지에서 아무런 기척이 없었습니다.

"어? 이상하다."

여름이는 살며시 비닐 봉지를 열고 그 안을 들여다보았습니다. 메뚜기들은 꼼짝도 하지 않고 있었습니다. 여름이가 손가락으로 툭 건드려 봐도 움직이지 않았습니다.

"아빠, 어떡해요. 메뚜기가 다 죽었나 봐요."

여름이는 얼른 주머니에 손을 집어 넣어 보았습니다. 그러나 조심스럽게 넣어 왔던 꽃들도 모두 시들어 있었습니다. 생생하던 보라색 제비꽃도 잎파리를 축 늘어뜨리고 있었습니다.

"괜히 따 왔어. 차라리 그냥 놔 둘걸."

여름이가 후회스럽다는 듯한 목소리로 말했습니다. 그러자 아빠가 여름이의 손바닥 위에 올려진 꽃을 들여다보셨습니다.

"저런, 예쁜 꽃이 다 시들어 버렸구나. 그러니까 꽃은 꺾지 말고 그냥 바라만 보는 게 좋은 거야. 예쁜 꽃이 탐이 나서 꺽지만 꺾으면 금세 예쁜 모습은 사라져버리고 시들어 버리잖니."

여름이는 시든 꽃을 바라보고 있자니 괜시리 마음이 울적해졌습니다. 자기 때문에 꽃이 시들어 버렸다고 생각했기 때문이었습니다.

알아봅시다

지구에서 가장 많이 살고 있는 것은 곤충들입니다. 곤충은 지구를 건강하게 하는 데 매우 중요한 역할을 하고 있습니다.

위의 곤충을 아무 곳에도 쓸모가 없다고 생각하기 쉽지요. 그러나 곤충이 없이 지구 위의 생물들은 제대로 살아가지 못합니다.

곤충들이 하는 일은 참으로 많습니다. 얼핏 생각하기에 박쥐는 아무 유익도 주지 않는 듯 하지만 농작물에 해를 주는 벌레를 잡아먹고 씨를 골고루 퍼뜨려 줍니다. 박쥐가 없다면 벌레가 늘어나고 씨를 퍼뜨리지 못해 꽃들이 여러 곳에서 자라나지 못할 것입니다.

우리가 징그러워하고 싫어하는 지렁이도 알고 보면 우리에게 무척이나 많은 도움을 줍니다. 지렁이가 없으면 농사를 지을 수가 없습니다. 지렁이는 식물이 잘 자라지 못하는 땅에도 식물이 자라게 하는 데 도움이 되는 양분을 배설하기 때문이지요. 그뿐만이 아닙니다.

지렁이는 쓰레기를 먹고 난 뒤 그것을 영양이 풍부한 흙으로 배설하기도 합니다. 그래서 땅을 부드럽게 해 준답니다.

벌들도 무척 필요한 곤충이지요. 벌들은 꿀을 만들기 위해서 이 꽃에서 저 꽃으로 날아다니며 꽃가루를 옮기지요. 이 때 벌이 옮긴 꽃가루로 씨앗을 만들게 됩니다. 벌이 없다면 식물들을 보게 되기도 힘들 것입니다.

그리고 거미도 유익한 곤충입니다. 거미는 거미줄을 쳐 놓고 거미줄에 걸려드는 파리나 모기 등의, 우리에게 해로운 곤충들을 잡아먹고 삽니다. 만약 거미가 없다면 파리나 모기가 더욱 극성을 부리겠지요.

게다가 우리가 아플 때 먹는 약의 40퍼센트 정도는 동식물을 원료로 하여 만들어집니다. 동물이 모두 사라져 버리게 된다면 우리는 몸이 아파도 약을 먹을 수 없게 되지요.

우리는 재미나 욕심으로 곤충을 잡고 식물을 따 버리지만 우리의 작은 재미나 호기심 때문에 다른 것들이 연달아 피해를 입고 있습니다. 재미로 잡는 벌이나 나비 때문에 호박이나 참외, 오이 등이 열매를 잘 맺지 못하게 되지요. 야채나 과일이 열매를 잘 맺지 못하게 되면 결국 좋지 않은 결과를 돌려받게 되는 것은 우리 자신입니다.

가까운 거리는 걸어서 가요

"여름아, 어서 준비해. 이모 결혼식에 늦을 거니?"

"잠깐만요. 다 됐어요."

여름이는 수건으로 물기 있는 얼굴을 대충 닦고 후닥닥 옷을 입으며 대답했습니다.

"결혼식장은 어디에 있는 거예요?"

여름이는 양말을 신다 말고 외발로 콩콩 뛰며 거실로 나와 엄마에게 물었습니다. 여름이 엄마와 아빠는 벌써 옷을 다 차려입고 거실에 서서 여름이를 기다리고 계셨습니다.

"사거리에 있는 행복 예식장이야."

"사거리에 있는 예식장이에요? 여기서 두 정거장밖에 안 되네. 그럼 아직 시간 많이 남았잖아요."

여름이는 아빠의 대답에 다시 느긋하게 의자에 앉아 양말을 신기 시작했습니다. 사거리라면 걸어서도 20분이면 도착하는 거리였습니다. 결혼식이 시작되는 시간까지는 아직도 40분이나 남았습니다.

"얜, 그래도 빨리 가 있어야지. 이모 웨딩드레스 입은 모습도 미리 봐 두고."

여름이 엄마는 여전히 재촉을 하셨습니다. 여름이는 엄마가 옷매무새를 바로 해 주자 엄마와 아빠를 따라 마당으로 나갔습니다.

"차가 안 막힐지 모르겠네. 이 시간엔 괜찮겠지요?"

여름이 엄마가 아빠를 바라보며 걱정스럽게 물으셨습니다. 그러나 여름이 아빠는 눈을 껌뻑이며 엄마를 쳐다보실 뿐이었습니다.

"뭐 하러 가까운 거리를 번거롭게 차를 끌고 가? 그냥 걸어가도 되는데."

"걸어간다구요? 날씨도 이렇게 더운데 말이에요?"

여름이 엄마는 놀란 눈을 동그랗게 떴습니다.

"그래요, 아빠. 우리 차 타고 가요. 네?"

여름이도 편하게 아빠의 차를 타고 싶은 마음이 담뿍 담긴 눈빛으로 아빠를 바라보며 졸랐습니다. 그다지 먼 거리는 아니었지만 햇볕이 쨍쨍 내리쬐는 길을 걷는다고 생각하니 벌써부터 땀이 주르륵 등을 따라 흘러 내리는 것 같았습니다.

"그것 봐요. 여름이도 차 타고 가고 싶다잖아요."

"차 끌고 가봤자 주차하기가 하늘의 별따기라구. 걸어가는 게 차라리 편하다니까."

아빠는 투덜거리시면서도 여름이와 엄마의 성화에 결국 주차장에서 차를 끌고 나오셨습니다. 여름이는 벙긋벙긋 웃는 얼굴로 얼른 뒷자리에 가서 앉았습니다.

여름이와 엄마, 아빠가 탄 차는 골목을 빠져나가 큰길가로 접어들었습니다. 반대편 쪽에서 커다란 트럭이 오고 있었습니다. 여름이네 아빠는 파출소 옆 쪽으로 차를 바싹 붙이고 트럭이 지나가기를 기다리셨습니다. 트럭은 매연을 잔뜩 내뿜으며 여름이네 차를 지나갔습니다.

"어휴, 저 매연 좀 봐."

여름이 엄마가 손으로 코를 막으며 다른 한손으로 급히 열어 놓았던 자동차의 창문을 올렸습니다. 여름이도 눈살을 찌푸리며 매연이 사라질 때까지 손으로 입을 막고 숨을 멈추었습니다.

“어? 저기 숫자가 6자라고 써 있는 게 맞아?”

그 때 여름이 아빠가 파출소 앞에 세워져 있는 게시판을 보며 물었습니다. 여름이와 여름이 엄마도 목을 길게 빼고 게시판을 들여다보았습니다.

"오늘은 6번 자리가 쉬는 날이라는데요?"

여름이는 자동차 10부제 운행이 붙여진 게시판을 보며 말했습니다. 그러나 여름이 엄마가 힘이 빠진다는 듯 자리에 풀썩 앉으셨습니다.

"바로 오늘이 우리 차가 해당되는 날이구나. 차라리 네 아빠 말씀대로 걸어서 갈걸 그랬다."

"그것 보라구. 처음부터 내 말대로 했으면 벌써 예식장에 도착했을 텐데."

여름이 아빠는 다시 집쪽으로 차를 돌리셨습니다.

"어, 아빠. 집으로 다시 가시는 거예요?"

"그래, 우리 차 끝자리 숫자가 6번이잖아. 10부제에 걸리는 날인 줄 알면서 태연히 차를 끌고 다닐 수도 없으니 다시 집에 두고 와야지."

여름이의 얼굴이 금세 뾰로통해져 버렸습니다. 아빠의 말씀처럼 차라리 처음부터 걸어서 가는 것이 훨씬 나을뻔 했기 때문입니다. 아니, 어쩌면 걸어서도 갈 수 있는 가까운 거리를 차를 타고 가겠다고 우긴 게 잘못인지도 몰랐습니다.

알아봅시다

어느 곳인가를 가려고 할 때 가장 편한 방법은 자동차를 타고 가는 일입니다. 그러나 우리가 편할수록 대기가 오염되고 있다는 사실을 아세요?

자동차는 우리가 잘 알지 못하는 사이에 많은 배기가스를 내뿜고 있습니다. 이 배기가스는 대기를 오염시켜 산성비를 내리게 하고 지구를 덥게 만드는 원인이 되기도 하지요.

자동차에서 나오는 해로운 물질은 배기가스만이 아닙니다. 에어컨을 켤 때 나오는 프레온 가스나 브레이크를 밟을 때 나오는 석면가루, 자동차가 달릴 때 일어나는 먼지, 기름을 넣을 때 증발하는 가스 등이 지구를 병들게 하는 공해 물질입니다.

자동차의 배기가스로 인해 피해를 가장 많이 받는 곳은 자동차가 가장 많이 다니는 대도시의 중심지입니다. 게다가 대도시에서는 빽빽이 둘러싸인 빌딩들 때문에 배기가스들이 빠져나가지도 못하고 그대로 머물러 있게 됩니다. 이 때문에 공기는 더욱 오염이 되는 것이지요.

요즘은 자동차의 수가 급격히 늘어나고 있는 실정입니다. 하루에 늘고 있는 자동차의 숫자는 400여 대 이상입니다. 자동차가 늘어갈수록 대기 오염은 더욱 심각해지게 되지요.

자동차의 배기가스가 얼마나 심각한지 알아보기 위해서 한 가지 실험을 해 볼 수 있습니다. 흰 양말을 자동차의 흡입관에 씌우고 배기가스의 양이 얼마나 되는지 알아보는 거지요.

우선 흰 양말을 흡입관에 씌웠으면 아빠에게 부탁해 자동차의 시동을 1분 정도만 걸어 달라고 하세요. 다음 그 흡입관에서 양말을 벗겨보면 여러분은 깜짝 놀라실 것입니다. 배기가스가 양말을 온통 새까맣게 만들었을 테니까 말이지요. 매일 수백만 대의 자동차들이 달리면서 이처럼 심각한 배기가스를 공중에 뿜어 대고 있다고 생각해 보세요.

그렇다면 날이 갈수록 심각해지는 대기오염을 막기 위한 방법으로는 무엇이 있을까요?

자동차를 많이 탈수록 배기가스의 양은 늘어납니다. 따라서 우리가 가장 먼저 할 수 있는 일은 아주 먼 거리거나 꼭 필요하지 않을 때는 자동차를 타지 않는 거지요.

푸른 지구를 만들어요

2012. 12. 10 인쇄
2012. 12. 15 발행
엮은이 대한과학진흥회
펴낸이 신 주 황
펴낸곳 스완미디어
등록 제2-4534호
주소 중구 만리동2가 12-33 태영빌딩
대표전화 02) 393-0026
팩스 02) 312-8349

ISBN 978-89-92565-22-6

값 8,500원
※ 잘못 만들어진 책은 구입하신 곳에서 바꾸어 드립니다